留学と日本人

はじめに　日本人の留学には三つの「波」がある

日本列島は四周を海に囲まれた、孤絶した島群である。古くから独自の文化文明をもちろん持っていたが、他の大陸諸地域の文化文明を積極的に導入しようと、留学生を派遣した時期が三度ある。

第一回が、古代―奈良朝、平安初期の時代。中国の隋・唐王朝の当時、世界の文明の中心であった長安への留学。なおこの当時は、留学を「るがく」と呼んだ。

第二回が、江戸時代、とくに幕末から、明治維新を挟んで明治にかけて。文芸復興・産業革命を経て近代化した西欧諸国の「近代」を取りに、欧米へ。

第三回が、全体主義、軍国主義で、米英等の連合軍との戦いに敗れたあとの第二次大戦後。物理・化学など、理系学問ではそれほど後れをとっていなかったが、民主主義をはじめ、おもに文系学問や言語の習得に、アメリカを中心に留学生が海を渡ったのである。

目次

第3章　明治編

第4章　大正・昭和編

おわりに　現代の留学……勉強のできない子はいかにして学ぶか

Chapter 1

第1章 古代編

日出《ひい》ずる処《ところ》の天子、書を日没《ぼっ》する処の天子に致す 恙《つつが》無きや

第一回留学時代の古代。当時「隋《ずい》」と呼ばれた中国に派遣された遣隋使《けんずいし》は、西暦六〇〇年（推古八年）から六一四年（推古二二年）までの間に五回以上、派遣されている（上田雄著『遣唐使全航海』草思社）。目指したのは当時の世界最大の都、中華大帝国の首都・長安《ちょうあん》である。現在の陝西省の省都・西安市。

向こう気の強い聖徳太子

このうち六〇七年の第二回遣隋使には、小野妹子《おののいもこ》（男子です）が全権大使として、聖徳太子による国書を携えて渡航している。ただしその国書には、「日出ずる処の天子、書を日没する処の天子に致す。恙無きや」と書かれており、隋の皇帝・煬帝《ようだい》の怒りを買う。

それはそうだろう。当時、隋は押しも押されもせぬ、自他ともに認める世界一の大国である。アンガス・マディソン他著『経済統計で見る世界経済2000年史』（柏書房）によれば、紀元〇年の人口

は中国が五九六〇万人、日本が三〇〇万人で中国の約二〇分の一、GDP（国内総生産）は、中国が二六八億二〇〇〇万ドル、日本のそれが、一〇億一〇〇〇万ドルで約二五分の一、国勢としては、相手は二〇倍以上の大国である。

隋側では、「よろしくお願いします」と頭を下げて朝貢《ちょうこう》してくるものと思っていたのが、「仲よくやろうぜ」と肩を叩かれたようなものである。それにしても当時の日本は、世間知らずというか、鼻っ柱の強いことである。

国書を捨てた？　小野妹子

小野妹子は中国皇帝・煬帝の返信の国書を、聖徳太子に渡していない。途中で失くしたという。捨てたのであろう。返書には、煬帝の怒りの文面が書かれてあったのであろう。こんなものを聖徳太子に渡したら、両国の関係はどうなることやら、と案じて捨てたのだろう。

「返書は旅の途中で失くしました」と言っても、聖徳太子からはお咎めはなかったようである。聖徳太子はたぶん察していたのであろう。

小野妹子は、六〇八年第四回の遣隋使として再度訪隋しているが、そのときは八名の留学生《るがくしょう》・留学僧《るがくそう》を随伴している。ただし、いずれも渡来系の人々で、漢文に習熟し中国語に堪能であったと考えられている（住吉大社編『遣隋使・遣唐使と住吉津』東方出版）。

その隋は六一九年に滅んで「唐《とう》」にかわり、使節の呼称も遣唐使となる。

なお小野妹子は、近江の国は琵琶湖の西岸、今の滋賀県大津市（旧・志賀町）の出身で、飛鳥政府の要職につき、外交官として敏腕を振るっていたのである（溝口逸夫著『小野妹子』サンブライト出版）。

遣唐使留学生、山上憶良

遣唐使は、第一次の六三〇年から八九四年（寛平六年）まで、十数年から二十数年の間隔で、約二〇回企画され、そのうち渡航に成功したものは一五、六回である（ただし回数は諸説ある。ここでは東野治之の『遣唐使船』朝日新聞社　の説を採った）。遣唐使船は、出国から帰国まで一年から二年かかった。

使節のなかでなじみのある名前は、山上憶良《やまのうえのおくら》、阿倍仲麻呂《あべのなかまろ》、吉備真備《きびのまきび》、空海《くうかい》、最澄《さいちょう》。逆に来朝者では、鑑真《がんじん》などがいる。

山上憶良（六六〇～七三三・推定）は、第七次遣唐使として、七〇二年（大宝二年）四二歳のとき唐に渡り、儒教、仏教などの最新の学問を学ぶ。歌人としてもわれわれにとって身近である。

「いざ子ども　はやく日本《やまと》へ　大伴《おおとも》の御《み》津《つ》の浜松　待ち恋ひぬらむ」は、唐にて詠《よ》んだ歌。四〇歳をすぎた老留学生の、望郷の想いがあふれた歌ではないか。

「憶良らは　今は罷《まか》らむ　子泣くらむ　それその母も　吾《わ》をまつらむぞ」

「銀《しろがね》も　金《くがね》も玉も　なにせむに　まされる宝　子にしかめやも」

吉備真備（六九五～七七五）は七一七年（養老元年）に第九次遣唐留学生として、阿倍仲麻呂や、玄昉《げんぼう》らとともに入唐。七三五年（天平七年）に帰朝。なんと一八年間も在唐している。唐では経書（儒教の書）、史書のほか天文学、音楽、兵学などを学び、帰朝時には経書（『唐礼』一三〇巻）、天文暦書、日時計（測影鉄尺）、楽器（銅律管・鉄如方響・写律管声一二条）音楽書（『楽書要録』一〇巻）、弓、矢などの文物を持ち帰り、宮廷に献上している。時計や楽器など、目をみはる船来品だったのであろう。

同じ第九次留学生の阿倍仲麻呂（六九八～七七〇）は、唐の都・長安で学び、科挙《かきょ》（超難関の官吏登用試験）に合格して玄宗《げんそう》皇帝に仕えている。吉備真備よりさらに長く在唐し、三五年ののち帰国を図るが、船が難破し、かなわず。七三歳の生涯をかの地で閉じる。

百人一首の「天の原　ふりさけみれば春日なる　三笠の山にいでし月かも」は、仲麻呂の歌である。

ここで留学生の在留した期間であるが、吉備真備が一八年間、阿倍仲麻呂が三五年間と長いことに注目しよう。今と比べて、海上交通、陸上交通ともに条件は厳しかったことと同時に、目くるめくほど珍しい文物が、短期間では吸収しきれないくらいあったということだろう。中国大陸固有のもののみでなく、シルクロードを通じて西欧、中近東の文物が長安に集まっていたのである。

留学生のもたらした天平文化

これら遣隋使、および初期の遣唐使のもたらした、政治・経済・社会・文化に関する情報は、官僚制、儒教の積極的受容、礼法の策定など、国政の大改革であった「大化の改新」（六四五年）に大きな影響を与えている。

また、これらの大使や留学生、留学僧の持ち帰った文化・文明・学問が、やがて七世紀終わりごろから八世紀の中ごろまでに花開いた天平文化となって、今に残るのである。建造物では、東大寺法華堂、正倉院宝庫、唐招提寺金堂、法隆寺夢殿など、彫刻では日光菩薩、月光菩薩など、文では万葉集、懐風藻などである。

空海もまず外国語を学んだ

「弘法筆を選ばず」の弘法大師・空海（七七四～八三五）も、八〇四年七月、三一歳のとき第一八次遣唐使留学僧として長安に入り、三三歳で帰国している。長安では醴泉寺の印度《インド》僧、般若三蔵に師事し、密教を学ぶのに必須の梵語《ぼんご》を習得する。異国の文化を吸収するために、まず言葉を学んでいるところがえらい。当たり前といえば当たり前だが。

その後、青龍寺の密教の第七祖である恵果和尚から、約半年にわたり密教を学ぶ。八〇六年、多数の経典、大曼荼羅、密教法具や最新の土木工法、薬学などを身につけて帰国する。真言宗の開祖である。高野山（和歌山県）にて没。

天台宗の開祖・最澄も、空海と同じ年、通訳に門弟の義真を伴って入唐し、天台教学を学び、翌八〇五年に帰国している。比叡山（滋賀県）にて没。空海と最澄の両留学生は、帰国後はあまりうまが合わなかったようである。

最後の遣唐使に任命されたのが、菅原道真《すがわらのみちざね》である。八九四年。しかし道真は、唐の凋落や渡海の危険を理由に遣唐使の廃止を建言し、中止となる。以後、遣唐使は派遣されていない。実際に唐は、黄巣の乱などの戦乱が続き、一〇世紀はじめに滅亡する。その後、日本の中世を通じ、少数の僧侶を除いて留学生はほとんど絶える。

どんな船で行ったのか、何日かかったのか

さて、ここで一四〇〇年もの昔に、果敢に海を渡った遣唐使の使った船や、要した日数などの、ハード面を見てみよう。

元・神戸商船大学教授であった松木哲氏の船舶工学の立場からの推測では、遣唐使船は長さが約三〇メートル、幅は約八メートル、総トン数は約三〇〇トン、ということである。推進力は網代帆《あじろほ》。網代帆は、竹などを薄くそいだものを編んで作った帆で、現在でも敷物として使っているアンペラのようなものである、としている（上田雄著『遣唐使全航海』草思社）。

エンジンなどはもちろんなく、出入港や無風のときは、櫓《ろ》で漕ぐ櫓走であった。

また、艇の速さについては、航海の全行程の平均値で、最速が時速八・八キロ（四・八ノット）、平均が時速四・八キロ（二・六ノット）としている。

サイズは、英国で建造されて現在は日本にある大型ヨット、シナーラ号くらいか。

しかし幅八メートルは、現代のヨットのスマートさとは全くかけはなれているが、安定感はあるだろう。その分スピードは落ちるが、外洋帆走には向いているであろ

遣唐使船

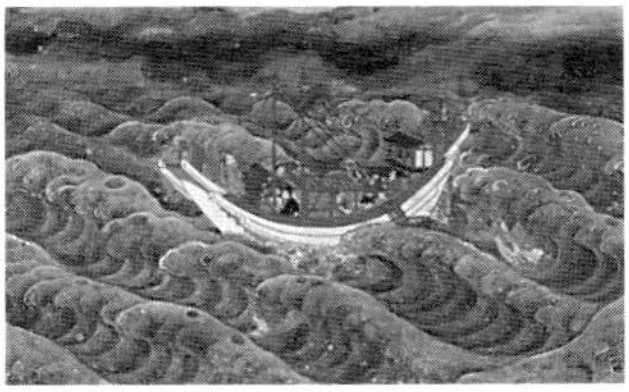

う。なにしろ日本近海は、イギリス近海とならんで荒海として有名であるから、安定性は必須条件だろう。それにしても、灯台も方位コンパスもないこの時代に、よほど腕のよい船頭が、「観天望気《かんてんぼうき》」と勘で船を走らせたのであろう。しかし、やはり遣唐使船の約四〇隻中の約一〇隻が海難にあい、うち何隻かは不帰となっている。

遣唐使船が出発したのは、おもに大阪湾の住吉の津。現在の住吉神社の沖合あたりであり、九州の大宰府を経由して、向かったのは黄河や長江（揚子江）の河口であった。ほとんどの場合、二隻か四隻で航行している。海難を慮《おもんばか》ってのことであろう。乗員は一隻あたり、乗客を含めて一〇〇名から一六〇名くらいである。七一七年三月九日に出発した第九回遣唐使船は、四隻の船に、大使・阿倍仲麻呂をはじめ吉備真備、井真成などの学問僧、留学生と乗員合わせて、五五七名が乗船している。

中国の首都、長安到着まで半年かかったぞ

さて、日本を出て海を渡り、上陸して陸路を長安に着くまでどれぐらいの日数がかかったのか。これはそのときの気象条件などにもよるが、順調にいって、ほぼ半年とみてよいのではないか。

空海の例を見てみよう。八〇四年（延暦二三年）七月六日、肥前の国、松浦郡田浦を出発。八月一〇日、中国の福州（福建省。台湾の西北）長渓県赤岸鎮に漂着。一二月二三日、長安に到着。

海路を船に揺られること約一ヶ月。上陸してから四ヶ月半、半年がかりでやっと長安に到着している。上陸してからはぜんぶ徒歩だったのか、馬を使ったのか、駕籠《かご》のようなものがあったのだろうか。あるいは「南船北馬」で水路を利用したのか。直線距離でも一〇〇〇キロ以上、さぞかし苦労の連続であったであろう。

狩野雪舟《かのうせっしゅう》、遣明使船で留学

時代は下って、中国の「明《みん》」の時代の一四〇一年、室町幕府、第三代将軍・足利義満は明に国書を送る。

遣明使の始まりである。

遣明使は、このあと一五四七年の第一九回まで続く。水墨山水画の狩野雪舟は、一四六八年（応仁二年）、四八歳で水墨山水画の本家本元を訪ね、遣明使船で渡明し、北京にも赴き、画業の評判を得ている。これも一種の留学である。しかし「明の画壇に見るべきものはない」として、宋・元時代の古い画家の作品を模写して学び、一年余で帰国している。

中世、百花繚乱の日本の宗教遊学

絵画の世界と同様に、宗教界でも、かつて大陸から受け継いだモノ・コトを、日本独自のそれに昇華させ、発展させている。もはや大陸への留学の時代ではなく、国内でじゅうぶんに、宗教、学問、文化が熟していたのである。たとえば法然上人（一一三三〜一二一二）は、比叡山延暦寺に発し、京都の清涼寺、醍醐寺などに遊学し、浄土宗を開いている。

同じ比叡山で修行した、『教行信証』『歎異抄』の著者で、「善人なおもて往生をとぐ。いわんや悪人をや」の親鸞上人（一一七三〜一二六二）は、法然の下に遊学する。

清澄寺（千葉県）に入門、出家した日蓮上人（一二二二〜一二八二）は、約二〇年間で比叡山・定光院、三井寺、薬師寺、仁和寺、高野山・五坊寂静院、天王寺、東寺など、奈良、京都方面の寺に遊学している。

第2章　江戸時代・幕末編

江戸時代の遊学、藩校繁盛す

留学といえば外国で学ぶことを指すが、江戸時代の日本は幕府の統治下にあったとはいえ、二七六の藩に分かれており、藩と藩の関係は今の県と県との関係のように緩やかなものではなく、藩は独立した国家といってもよいくらい、自立性の強いものであった。そこでは、住民は士農工商にいたるまで藩の許可を得なければ勝手に越境することは許されず、通貨も幕府発行の貨幣のほかに、藩札《はんさつ》などもあったほどである。そんななかで各藩の官僚である侍たちが、他藩の高名な学校で学びたいという志を持っても、おいそれとはいかなかったのである。それは、今でいう留学に近かったといえよう。そしてそれは「遊学」「他国修行」などと呼ばれた。

江戸期の学校の親玉は、儒学者・林羅山《はやしらざん》の私塾、昌平黌《しょうへいこう》を源とし、のちに幕府の官学となる、儒学、漢学中心の教育機関であった昌平黌であるが、各藩もそれぞれ藩校を持っていた。

会津藩の日進館、米沢藩の興譲館、吉田藩（豊橋）の時習館、挙母《ころも》藩（豊田）の崇化館《そうかかん》、名古屋の明倫堂、長州藩の松下村塾など。そして昌平黌はもとより、日本国内での各学校同士の遊学は、さかんに行われたのである。

明治維新の起爆者・吉田松陰、惜しくも米国留学に失敗

松下村塾の塾頭の吉田松陰も、かつて九州平戸や江戸に遊学し、佐久間象山《さくましょうざん》などに学んでいる。そしてあろうことか、一八五三年（嘉永六年）黒船が浦賀にやって来たとき、西洋文明に強い関心を持って外国留学を決意。一八五四年（安政元年）ペリーが日米和親条約締結のため再来日したとき、弟子の金子重之助とともに、伊豆下田港に停泊中のポーハタン号へ行き、乗船しようとしたが断られている。もちろん、鎖国の当時の明らかな法令違反である。

その松蔭が、安政五年、幕府が朝廷の許可なく日米修好通商条約を締結したことで立腹し、倒幕を表明。一八五九年（安政六年）死罪に処せられる。明治維新まであと一〇年である。

松蔭が渡航のために用意したものは、オランダ語の文法書、辞書、『唐詩選』『孝経』など書籍十数冊、衣類、油紙で包んだ白米一斗、かつおぶし二本、するめ二把、熊の胆で作った腹痛薬の奇応丸、それにわずかな日本のお金などである。（海原徹・海原幸子著『エピソードでつづる吉田松陰』ミネルヴァ書房）。外国語は、英語もオランダ語もできなかった。もちろん『地球の歩き方』などない。まさに「勇気一つを友にして」、前人未到の地に向き合ったのである。

松蔭自身は、幼いときから尊皇教育を受け、水戸学の影響などから強い皇国意識を持っていた。同時にインドや清の植民地化の情勢を見て、西欧列国に対し強い警戒感を持っていた。それだけに、西欧列強の正体を見たかったのであろう。

松下村塾で彼が教えた生徒は、木戸孝允《きどたかよし》、高杉晋作《たかすぎしんさく》、久坂玄瑞《くさかげんずい》、伊藤博文《いとうひろぶみ》、山県有朋《やまがたありとも》など、いずれも明治維新やその後の日本の趨勢に、指導的役割を果たしている。松蔭は視野が広く、かついかに教育力があったかは明白で、その影響は一世紀弱の後の、「十五年戦争」期にまでおよんでいる。

このような、吉田松陰をはじめ数ある江戸期の遊学は、のちの留学の前触れといってもよいであろうか。

江戸時代、遊学の聖地　長崎

長崎は、留学の日本史を語るに当たって、容易ならぬ場所である。日本国内であるから遊学というべきところだが、この地に渡来した外国人に教えを請うために人々が集まったのであるから、「留学」という表現を使っても差し支えはないだろう。長崎留学は日本の近代化、明治維新の布石の重要なひとつとなるのである。江戸幕府は鎖国政策を採ったが、キリスト教の普及を恐れたことがそのおもな要因といわれている。

一六三五年（寛永一二年）第三次鎖国令に際して、中国、オランダの外国船に限って、入港を長崎にのみ許可した。以後、長崎は世界の空気を、おもにオランダを通じてわが国が吸引できる唯一の場所となったのである。もっとも、例外的に松前藩、対馬藩、薩摩藩などには、限定的な対外交易が許されてはいたが。

長崎には、オランダの公館が出島《でじま》に置かれ、オランダ語の通詞《つうじ》が常駐した。通詞は吉雄藤三郎《よしおとうさぶろう》、吉雄耕《よしおこう》牛《ぎゅう》など、吉雄家の世襲であった。鎖国後の長崎への関心は、当初は「異国風」への好奇であったが、西欧の物質文明・学問のただならぬことにしだいに気づき、蘭学、医学、兵学、本草学、科学、美術などの世界先進の知識を吸収しようとする人々の熱が高まっていく。

坂本龍馬も江戸遊学

薩長同盟を成立させ、倒幕、明治政府の立ち上げに重要な役割を果たした坂本龍馬も、故郷土佐を離れて江戸に二度、遊学している。一回目が一八五三年、龍馬一九歳のときである。この年、浦賀にペリーの率いる黒船が来航し、龍馬も黒船を目撃している。江戸では剣術、砲術を学ぶ。三年後の一八五六年、再び江戸での修業をつんでいる。

彼はのちに土佐藩を脱藩し、海軍操練所を勝海舟の下で興《お》こしたり、日本で最初の株式会社ともいえる貿易会社・亀山社中（後の海援隊）を立ち上げるなど、近代化の大きな流れに棹をさした。
一八六七年（慶応三年）一一月、江戸幕府の大政奉還（一〇月一四日）の直後、王政復古（一二月九日）を目の前に暗殺される。

シーボルトの鳴滝塾、海軍・医学伝習所、龍馬の亀山社中

一八二三年（文政六年）、オランダ人医師・シーボルトが、オランダ商館医として出島に着任する。彼は長崎の町に出て、積極的に日本人の患者の治療にも当たり、本場の西洋医学の真価を見せた。さらに評判を伝え聞き、教えを請う日本の医学生に、西洋医学の講義も行う。その講義の人気が高く、日本各地からの門下生が増えたため、来日一年後、長崎の郊外の鳴滝《なるたき》の地に、西洋医学の塾を開く。鳴滝塾である。そこでは医学のみならず、基礎学問として自然科学も教えられた。そこで学んだ塾生たちの多くは、修業後、故郷に帰り西洋医術の実力を見せる。

鳴滝塾からは本邦初の生理学書を著し、また幕府の対外政策を厳しく批判した高野長英や、初めて富士山の高さを測定した二宮敬作、わが国の植物学の基礎を築いたとされる伊藤圭介など、多数の重要人物が巣立っている。

さらに一八五五年、長崎には日本海軍の先駆けとなる海軍伝習所が、オランダ人の手引きで開設され、初の太平洋横断を敢行した咸臨丸《かんりんまる》の一員、勝麟太郎（海舟）などが学んでいる。わが国でアラビア数字が初めて使用されたのも、このときではないだろうか。この海軍伝習所では、オランダに留学し、戊辰戦争の折の幕府軍の海将で、のちに明治政府の閣僚を務める榎本釜次郎《えのもとかまじろう》（武揚《たけあき》）なども学んでいる。

また一八五七年には、海軍伝習所の軍医であったポンペによって、医学伝習所が開設される。これはのちの長崎大学医学部である。

このように、長崎には日本中から好学の士が集まったが、平松勘治著『長崎遊学者事典』（渓水社）によ

れば、その数は通算で一〇五二名におよぶという。同著によれば、医学五六〇名、蘭学一三二名、砲術・兵学一二八名、美術八五名、英学六五名、造船学四二名、そのほか物理、化学、天文学、暦学、本草学、写真学、書道、宗教、地理、漢字などの学徒である。

長崎は、英国（イギリス）の商人グラバーが活躍し、坂本龍馬の海援隊＝亀山社中が蠢動《しゅんどう》し、三菱商事の創始者・岩崎弥太郎が土佐藩の藩命を受け、亀山社中の経理を担当するなど、幕末に歴史的逸話を多く生んだ土地だったのである。

福沢諭吉、オランダ語を見かぎる

長崎に関して面白いのは、慶應義塾大学の創設者で、『学問のすすめ』や『西洋事情』の著者である福沢諭吉の動向である。

一八五四年、福沢は一九歳で長崎に遊学して、蘭学およびオランダ語を学ぶ。さらに大阪の蘭学者、緒方《おがた》洪庵《こうあん》の適塾に学び、二二歳で塾頭になる。そして、江戸は築地の鉄砲洲の奥平家で蘭学を教えた。

しかし一八五九年、二四歳で横浜見物に出かけたとき、そこではオランダ語など全く通用せず、外国語はもっぱら英語であることに衝撃を受ける。時代は移っていたのだ。そのときから独学で英語の習得に励むが、なにせ時は江戸幕府の政権下の鎖国時代で、オランダ語以外の西洋の外国語など学ぶ術もなく、幕府通詞の森山栄之助やジョン万次郎を訪問するなどして、大きな苦労の末、何とかものにする。

近代の留学生第一号、榎本武揚たち

永い鎖国を続けていた江戸時代末期、一八五三年の黒船来航などの外的刺激を受け、ついに幕府は、西欧の知識技術を吸収すべく、各界の若手で有能な人材をオランダに留学させる。組織的留学生派遣の嚆矢《こうし》であろう。

一八六二年（文久二年）、軍艦操練所から榎本武揚（二六歳・当時の年齢。以下同じ）ら五名を、蛮書調所から西周《にしあまね》（三三歳）ら二名を、長崎養生所から伊東玄伯《いとうげんぱく》ら医師二名を、そして鋳物工、鍛冶工、時計師、宮大工、船大工、水夫などの職人七名等を留学生として、合計一六名を、一八六七年（慶応三年）までの五年間、オランダに送り込んだ。

当時は外国への交通などは困難を極め、たぶん水杯《みずさかずき》で送られたであろう。九月一一日に、オランダのカリップス号（五〇〇トン）で長崎を発ち、タイのバタビヤに向かったのであるが、案の定《あんじょう》一〇月六日にはスマトラ島の東ガスパル海峡で遭難し、その後セントヘレナ島でナポレオンの古跡を訪ね、翌年四月一六日にようやくオランダに到着している。長崎を発ってから九ヶ月有余の日程である。今なら飛行機で、成田発一一時三五分、アムステルダム着一五時三〇分（現地時間）と、約一二時間でひとっ飛びであるが。

このとき、幕府は海軍力強化のため、米国の黒船艦隊の旗艦サスケハナ号（二四五〇トン）より大きい軍艦、開陽丸（二五九〇トン）をオランダに発注している。榎本らは、その操船術を同時に習得すべく派遣されたのである。

なぜ、当時の文明大国のアメリカ（米）やイギリス（英）ではなく、オランダ（蘭）に派遣したのか。当時アメリカは南北戦争の最中であり、また榎本ら多くは、長崎海軍伝習所で、オランダ人教官カッテンディーケらの指導を受け、オランダ語になじんでいたこともあったのであろう。幕府自体も、それまでオランダとは昵懇《じっこん》であった。

オランダでの榎本は、国際法や海軍知識、造船船舶の知識を学び、開陽丸を回航して一八六七年（慶応三年）帰国する。しかしこのとき、江戸幕府の命運はつきようとしていた。

榎本は帰国後、幕府海軍の海将としてオランダから回航してきた開陽丸を指揮し、戊辰戦争で勇戦するが、戦いは明治政府軍の勝利に終わり、開陽丸は函館湾

開陽丸

で海没する。

江戸幕府、海洋国家に乗り出す

とはいえ幕末期、黒船に刺激を受けて江戸幕府は、おそまきながら海軍や海上交易に、懸命に力を注いでいる。一八五三年の黒船来航直後、幕府は一六〇九年（慶長一四年）に制定された「大船建造禁止令」を約二五〇年ぶりに廃した。そのおかげで、大政奉還までの一五年間で外国から購入したり自国で建造したりした船は、軍民あわせてなんと一三八隻にもおよんでいることからも、努力のほど（あわてぶりか）がわかる。内訳は、幕府四四隻、諸藩九四隻である。（脇哲著『軍艦開陽丸物語』新人物往来社）

オランダに留学した榎本は、明治維新後、かつての敵であった維新政府からその学識や識見を評価され、文部大臣、外務大臣などを歴任することになる。

また西周は法学、哲学、経済学などを導入し、日本における近代的学問の開祖ともいえる存在となる。現在われわれが使っている「哲学」「芸術」「理性」「科学」「技術」などの言葉は、西が創造した翻訳語である。

だが実は、この榎本らの公的留学の約二〇年前に海外で学んでいた日本人がいる。遭難者たちである。

中濱《なかはま》万《まん》次郎《じろう》、漂流留学第一号

通称・ジョン万次郎。一八四一年（天保一二年）、漁に出て嵐にあい、遭難。米国の捕鯨船ジョン・ハウランド号に救助され、その後、同船のホイットフィールド船長の養子となって、ボストン近郊のニューベッドフォードのオックスフォード学校、バーレット・アカデミーなどで学ぶ。帰国後、英語の通訳や航海術の教授として活躍する。前記の榎本武揚も、十代の折、万次郎の私塾で英語を学んでいる。

現在、高知城のなかに、万次郎の書いたアルファベットのカタカナの掛け軸があるが、「エー、ビー、シー、リー……」とあるのがご愛嬌である。

この中濱万次郎こそは、近世以降の最初の留学生なので、いま少し詳しく足跡を追ってみよう。

一八二七年（文政一〇年）　土佐（高知県）中の濱に生まれる。
一八四一年一月七日　土佐沖で、はえ縄漁の最中に嵐にあい、漂流が始まる。一四歳。
〃　一月一四日　四人の仲間とともに鳥島に漂着。
〃　六月二七日　米捕鯨船　ジョン・ハウランド号により救助される。
〃　一一月二〇日　同船、ハワイ・ホノルル着。
〃　一二月一日　同船、四人のうち、万次郎のみを乗せて捕鯨を続ける。

このジョン・ハウランド号の航海中、万次郎は、捕鯨の実務を身につけ、同時に英語を吸収していったのであろう。

一八四三年五月七日　同船の母港、マサチューセッツ州ニューベッドフォードに帰着。フェアーヘブンのウイリアム・ホイットフィールド船長宅へ。学校に入れてもらう。ストーンスクール（通称オックスフォードスクール）。A・B・Cから習う。

当時米国には、まだ現在のような学制は確立されていなかった。ただしマサチューセッツ州は、米国でも教育先進国で、メイフラワー号からわずか二二年後の一六四二年にマサチューセッツ教育法が成立していて、教会で一部の子供に読み書きを教えていたが、日本の寺子屋ほど規模が大きくなく、普遍性のあるものではなかった。また、家庭で父母から教育を授かることが多かった。

そもそも米国は、日本のような官による共通理念の教育の発想のない国で、州により教育の状況はまちまちであったが、ボストン近郊のフェアーヘブンでは先進地域であったため、近代教育の萌芽が育ち始めていたのだろう。マサチューセッツ州で就学義務規定が成立するのは、万次郎のこの十年後の一八五二年である。その意味で、万次郎はラッキーであった。学校のなかで万次郎は、その数奇な経歴や人柄で、人気者であったのではないか。なお彼はこののちスコンチカット・ネックスクールに転校する。同校卒業後、フェアーヘブンの最高学府であるバートレット・アカデミーに学び、高等数学、航海術、測量術、捕鯨術を習得した。

一八四五年二月　フェアーヘブンの樽屋にて年季奉公。
一八四六年五月一六日　フランクリン号（二七三トン）に乗船。ニューベッドフォード発、再び捕鯨へ。一九歳。
一八四七年一〇月　副船長となる。二一歳。何度も日本帰国を目指すも、鎖国のためかなわず。
一八四九年　ゴールドラッシュのカリフォルニアで金を掘る。七〇日で六〇〇ドル稼ぐ。再び捕鯨へ。
一八五一年二月四日　帰国を望み、沖縄着。
〃　二月三〇日　薩摩の国（鹿児島県）、山川港着。
〃　一〇月　長崎で取り調べを受ける。
一八五二年六月二五日　土佐に帰国。
一八五三年七月八日　黒船、浦賀へ来航。
〃　七月二五日　幕府、万次郎を登用。幕府直参となる。

ジョン万次郎、榎本武揚・西周・福沢諭吉・岩崎弥太郎・大山巌《おおやまいわお》らに英語を教える

一八五六年（安政三年）　幕府海軍の士官養成所である軍艦教授所の、英語教授を仰せつかる。榎本武揚、一八六〇年（万延元年）　大山巌、福沢諭吉、岩崎弥太郎、西周などに英語などを教える。

〃　二月一〇日　日米和親条約の批准交換のために、米国に向かう使節の乗ったポーハタン号の随行艦、咸臨丸に乗艦。艦長は勝海舟であったが、航海術、英語にすぐれ、アメリカ通の万次郎が、実質上の艦長であった。万次郎三三歳。

ジョン万次郎と捕鯨の縁は深いが、当時は日本の近海は捕鯨の好漁場であった。現在では動物愛護の立場から、捕鯨は冷たい目で見られがちであるが、当時、米国捕鯨船は日本近海で鯨を獲りまくったのである。捕鯨のおもな目的は、鯨油であった。電灯のない時代で、ランプの油として重用されたのである。

ジョン万次郎の、漂流から始まる一〇年有余の海外体験は、その後の日本の針路に重大な影響を与えた。鎖国下の日本に生の海外事情を伝えたこと、書籍や文物とともに、アメリカの民情、とくに意図的か否かは別として、民主主義を伝えたこと。

それらは、福井藩主・松平春獄の政治顧問である横井小楠や、土佐藩の後藤象次郎、坂本龍馬らに伝わり、やがて船中八策となり、倒幕、明治維新へとつながったといっても過言ではなかろう。また万次郎のこの間の体験は、当時のアメリカおよびアメリカ人の温かさ明るさを教えてくれる。

万次郎は、帰国後、土佐藩の取り調べを受けるが、取り調べに当たったのが同藩の絵をよくする河田小龍である。小龍は万次郎の異国体験を、挿絵入りの『漂巽《ひょうそん》紀畧《きりゃく》』（全五巻）にまとめて出版し、評判となる。このとき川田は万次郎を自宅に起居させているが、万次郎から英語を学び、同時に万次郎に日本字の読み書きを教えている。

帰国後も、万次郎は日本近海で捕鯨を続ける。海原が好きで、風を孕んだ帆のふくらみが好きで、捕鯨が好きであったのだろう。

寺子屋にも行っていなかった万次郎が現地で英語を身につけ、帰国後は日本の文字を勉強して、持ち帰った航海書『ボーディッチの航海書』を翻訳し、『亜美理加合衆国航海学書』を出しているのは、驚くべきことである。さらに『英米対話捷径』という英会話本まで出している。そして明治二年、開成学校（現東大）の教授を務めるのだから、痛快ではないか。

しかし、いっぽう鎖国下にあり、攘夷《じょうい》の機運の強い当時の日本で、このような万次郎の存在は当然、攘夷武士たちの天誅の対象となる。事実、襲撃されたこともあり、心配した勝海舟が岡田以蔵（通称・人斬り以蔵）を用心棒につけたという説もある。

浜田彦蔵、漂流留学第二号

通称・アメリカ彦蔵。一八三七年（天保八年）播磨《はりま》国加古郡（現・兵庫県加古郡播磨町）に生まれる。一三歳のとき、江戸から播磨に向かう途中、熊野灘で嵐に遭遇し、太平洋を漂流した後、アメリカ船オークランド号に救助される。

ワシントンで大統領フランク・ピアースに面会したりした後、税関長サンダースの世話で、ボルチモア（メリーランド州）のカトリック系の学校に入れてもらい、学生寮に入る。生徒数一五〇～一六〇名、教師は一五名であった。

教科は英語の読み書き、天文、地理、算術、音楽。担任のウォーター先生が懇切に教えてくれる。サンダース夫人の勧めでキリスト教の洗礼を受け、ジョセフ・ヒコと名乗る。さらに商業学校に進む。

一八五九年（安政六年）長崎に帰国。再度渡米し、リンカーン大統領に会う。資格を取り、米国神奈川領事館付通訳官となる。

ただし物騒なことに、万次郎と同様に攘夷侍に狙われる。一八六四年（元治元年）日本で最初の新聞『海外新聞』を横浜で発行。刊行は二年間続く。

雄藩も負けずに留学、伊藤博文ら「長州ファイブ」

それはさておき、公的留学に戻ろう。

幕府以外の雄藩も、近代的学術・文化の導入の必要性を痛感し、さかんに留学生の派遣を開始する。まず長州である。前記、幕府によるオランダへの榎本武揚ら留学生派遣の翌年、一八六三年（文久三年）五月、長州藩は、のちの明治一八年に初めて日本に内閣制がしかれたときに、初代内閣総理となる伊藤博文をはじめ、のちに「長州ファイブ」といわれる五人の藩士、伊藤をはじめ井上馨《いのうえかおる》、野村弥吉（井上勝）、山尾庸三、遠藤謹助の留学希望を受け、英国に派遣した。明治まであと五年のことである。

幕府が留学のための海外渡航を許したのが、その三年後の一八六六年であるから、この渡航は密航である。鎖国時代なので、発覚すれば死罪である。

尊皇攘夷の志士として、英国公使館焼き討ちなどにも手を下した伊藤・井上らは、佐久間象山の「いまは攘夷などといっている時ではない、それよりも外国の文明を取り入れて軍備を充実し、列国に劣らぬ国を目指すべきである」との説に目覚め、外国行きを決意する。

ときに、伊藤は二二歳、井上は二七歳。倒幕の志士としても暗躍ののちに、念願の海外留学を果たした。ちなみに、伊藤は吉田松陰の松下村塾に学んでいる。

攘夷の志士であった彼らは、一人や二人の異人を切ってもらちがあかない、黒船をやっつけるには黒船をもってするしかない。それには海軍を学ばねばならない、というのが動機であった。

しかしこの攘夷の志だが、上海に着くと同時に、なかでも井上は累集する列国の艦船群を目の当たりにして、その無意味さに目覚め、たちまち開国論に転じ、あまりの変わり身の速さに伊藤に諌められるという一幕もあった。

長州ファイブの一人、
伊藤博文

それはともかく、一八六三年（文久三年）五月一二日、長州ファイブの五人は、英国船ケスウイック号で横浜を発つ。出立にあたり、五人は断髪する。ちょんまげを切ったのである。

所持したのは、堀達之助が編纂した、文久二年版の英語辞書と、頼山陽の『日本政記』である。

上海を経由し、そこからは井上と伊藤はペガサス号という三〇〇トンほどの小さな英国帆船に乗るが、言葉が通じぬための誤解から、渡航目的を尋ねられたとき「Navy」の修業というところを「Navigation」と言ってしまったため、水夫としてこき使われ、ようやく九月二三日ロンドンに到着する。横浜を発って四ヶ月強の船旅である。

他の三人は、同じく英船のホワイトアダー号（六〇〇トン）で、一〇日後にロンドンに着く。

ロンドンの港に入って、井上がまず食べ物を求めて上陸するが、港内の蒸気船・帆前船のひしめくさまに度肝を抜かれる。さらに街に入ると、三階建て、五階建ての建物が立ち並び、汽車が走り、多数の工場の煙突から煙が立ち上り、大勢の人々が往来する様に呆然とする。この繁忙を極める町で道を失ってはと、用心深い井上は慎重に、港からの行程を地図に描きながら歩くが、それでも帰路、道を失い、税関に迷い込んで叱責される（このロンドン到着後の様子は、井上馨侯伝記編纂会編『世外井上公傳』原書房より）。

とかくしてロンドンに落ち着いたのち、彼らは待望のロンドン大学に入学する。ここまで彼らを手引きしたのは、英国領事ガワーや、彼の指示による商社ジャーディン・マジソン会社などである。横浜の英国領事館を焼き討ちした井上や伊藤の留学を、当の英国領事館が助けたのは、歴史の皮肉である。

ロンドン大学で、五人は数学、地質・鉱物学、土木工学、数理物理学など、おもに理科系の講義を取っている。（宮地ゆう『密航留学生「長州ファイブ」を追って』萩ものがたり）これは、彼らの英語力では、法律や政治学・歴史学といった文科系の授業は理解不可能だったからであろう。しかしそののち、伊藤、井上は兵事、政治、経済を、山尾は器械・造船技術を、野村は鉱山開発・鉄道技術を、遠藤は造幣・貿易を学ぶ。みなよく勉強し、伊藤などは英語の訓練のためもあったのだろうが、寄宿先のウイリアムソン夫人に毎日のように手紙を書いている。いじらしいではないか。

この東洋の小国からきたサムライたちは、かの地で元気に学び、友人を作り、闊達《かったつ》につき合っていた模様である。

故国の一大事で急遽帰国

しかし伊藤、井上の両名がロンドン大学に滞在し、英語等を学んだのは、一八六三年九月末から翌年の四月中旬までの、わずかに半年ほど。「タイムズ」紙上で、英国艦隊など四国艦隊による故郷長州砲撃の危機を知って、伊藤は井上馨とともに、直ちに帰国する。長州が藩内の攘夷論により、下関海峡を封鎖し、航行する外国の船舶を砲撃する挙に出たのである。いわゆる下関戦争である。

二人は、現地で英国の段違いの国力をまざまざと知って、本国の暴挙を止めさせようとした。二人は一八六四年三月中旬にロンドンを出発し、六月一〇日ごろに横浜に帰着する。三ヶ月の道のりである。しかし、英米仏蘭の四国艦隊による長州攻撃は始まっており、案の定、長州の敗北は目に見えていた。伊藤、井上は藩を説得し、停戦の努力をした。それが実を結び、停戦交渉が行われた。

このとき伊藤は、英国艦隊の司令長官キューパー提督と、長州藩代表の高杉晋作の交渉に通訳として立ち会うが、このときは日本語を勉強していた英国公使館のアーネスト・サトウが、英国側通訳として参加していたので、伊藤の英語が活躍したかどうかは定かではない。

しかしのちに彼は、明治四年の岩倉使節団の一員として、米国サンフランシスコの歓迎レセプションで、彼の国の貴顕《きけん》を相手にして、後世に残る「日の丸演説」を英語で行ったり、英語のできる初代内閣総理として活躍する。彼の英語は一八五九年、米国のオランダ改革派教会から長崎に派遣されてきた宣教師、ギド・フルベッキから手ほどきを受けていた。そして実地英語に磨きをかけたのは、ほとんどこの英国留学の半年間である（久野明子著『鹿鳴館の貴婦人　大山捨松』中央公論新社）。

同様に長州ファイブの一人、遠藤謹助も、滞英期間は一八六三年から一八六六年までと、伊藤よりはるかに長いが、帰国後は「英語使い」として縦横に活躍している。帰国したのは、幕府による第二次長州征討（一八六六）の直前であったが、戦中から戦後にかけて下関に常駐し、長州藩の通訳としておもに外国との折衝にあたった。

謹助は通訳はもとより、文書の翻訳、情報収集、藩士への英語教授など（犬塚孝明著『密航留学生たちの明治維新』日本放送出版協会）、すでにベテランの英語使いぶりである。

このとき英国に留学した長州ファイブは、いずれものちに明治日本の中枢を担う役割を演じることになる。すなわち、伊藤のほかに初代伊藤内閣の外務大臣を務めることになる井上馨（二七歳―留学当時の年齢、以下同じ）、造幣局長となる前述の遠藤謹助（二七歳）、工部権太政（建設大臣）となる山尾庸三（二六歳）、新橋・横浜間の初の鉄道敷設に関わり、鉄道局長となる井上勝（野村弥吉）（二〇歳）たちで、この初期の留学が、明治日本の屋台骨を作る若者たちを育てたのである。

井上馨、攘夷藩士に切られる。留学も命がけ

ここまでに述べたように、井上・伊藤は海軍を作って大攘夷を行うことを目論んで、海軍を学ぶため、英国に渡ったのであるが、世界に触れたとたんに攘夷の愚かしさを悟り、開国論に大転換した。そして帰国後、長州藩主を中心とする君前会議に出席して、攘夷運動の愚かしさと開国の必要を、熱心に説くのである。朋友の高杉晋作らも、彼らの説に同調する。

だが、藩士を中心にした藩の世論はあくまで攘夷であり、これを覆すのは容易ではない。それどころか非国民（非藩士か）、卑怯者の目で見られるようになる。この時期に「攘夷はまずいよ。西洋の文明はすごいもんだよ。開国してそれらを受け入れよう」などと発言するのは、死を意味する。たぶん彼らは、決死の覚悟でことに臨んでいたのであろう。いち早く世界を見、国の行くべき方向を知った彼らは、命をかけて警鐘

を鳴らしたのである。

そして、ついに井上が帰宅の途中、三人の藩士に襲われ瀕死の重傷を負ってしまう。家に運び込まれた井上のあまりに苦しむ様子を見て、兄が介錯しようと刀を抜くが、母が体を覆って防御する。

のちに井上は外務大臣を務めたり、鹿鳴館を開き、不平等条約改正に努力したり、紡績業や鉄道業を興して近代日本の土台を作る。

薩摩、厄払い留学？

この長州ファイブの英国留学の二年後、一八六五年（慶応元年）、薩摩藩も森有礼《もりありのり》（一九歳）、鮫島誠蔵《さめじませいぞう》（二一歳）などの、やはりのちに明治日本の政治、経済、教育などの枢要を担うことになる一五名の留学生を、英国に送っている。渡航禁制下であるため、全員変名し、なおかつ出航目的をくらますために出発地を通常の長崎でなく、鹿児島から薩摩半島を西に横断した目立たぬ港、串木野にしている。幕府の隠密などの察知を慮ったのであろう。

このうち森は、英国密留学の二年後の慶応三年に、米国に渡っている。のちに、先輩として津田梅《つだうめ》（梅子）らの面倒を見ることになる。また森は、のちの明治五年に、「日本の国語を英語にすべきではないか」という考えをイェール大学の教授に披瀝している。明治一八年には、伊藤博文が総理を務めた初代内閣の、文部大臣に就任する。

長州ファイブ留学の翌一八六四年には、のちに同志社大学を創設する新島襄《にいじまじょう》が米国に密航し、ボストンのフィリップス・アカデミー、アマースト大学などに学んでいる。

米国には一八六六年（慶応二年）マサチューセッツ州モリソン・アカデミーに、薩摩藩がのちの日銀初代総裁になる吉原重俊ら、六人の留学生を送っている。一説にはこの六人は、薩摩藩きっての尊皇攘夷派の過激分子であったので、藩が足元に置いておいては物騒で仕様がないと、厄介払いのために送ったという見方もある。厄払い留学か？

いっぽう幕府もこの間、安閑としていたわけではない。一八六五年（慶応元年）、露国に六名、一八六六年、英国に一四名、一八六六年、仏国に二五名の留学生を派遣している。しかし、まもなく幕府が瓦解したためか、この幕府留学生たちのその後の事跡を聞かない。

いずれにせよ、一八六三年から一八六六年にかけて、幕府や雄藩の留学の動きが急になるのである。

留学と、攘夷侍の暗躍

しかし前記のごとく、ジョン万次郎、アメリカ彦蔵、そして井上馨ら欧米に渡航した者たちは、次々と攘夷―暗殺の標的にされる。もちろん攘夷の対象は、以下のように、欧米人が本命である。

「攘夷」とは、夷…野蛮な異民族、えびす（『広辞苑』）。攘…しりぞける、はらう（『廣漢和辞典』）、の意である。

一八五六年、初代駐日米国領事に任命された、タウンゼント・ハリスもさっそく狙われるが、ことなきを得る。

一八五九年八月、江戸を訪れたロシア艦隊の水兵が、水戸天狗党の小林幸八らに斬殺される。一一月には、フランス副領事の従僕が、横浜の外国人居留地で殺害される。

一八六〇年一月、英国公使オールコック付の通訳・小林伝吉が、江戸の公使館門前で殺害される。同年一月、駐日米国領事の秘書兼通訳ヘンリー・ヒュースケンは、薩摩藩士、伊牟田尚平らに襲われ死去。

一八六一年二月、オランダ商船船長ヴェッセル・デ＝フォスら二名が、横浜で斬殺される。

一八六二年六月、英国代理公使ジョン・ニールが、公使館の東禅寺で、同公使館警備の松本藩士・伊藤軍兵衛に襲われるも、本人はことなきを得る（第二次東禅寺事件）。さらに同年九月、英国人チャールス・リチャードソンは、薩摩藩の大名行列に誤って乱入し、切り殺される。ほか、英国人二名が重傷（生麦事件）。

この事件は、薩英戦争に発展する。

一八六三年一月、品川、御殿山に完成直前の英国公使館を、長州藩士高杉晋作、井上聞多（のちの馨）、伊藤俊介（のちの博文）ら一〇名余が放火（英国公使館焼き討ち事件）。

一八六三、四年、下関戦争。下関海峡を通過する外国船への長州による攘夷砲撃に対し、英米仏蘭の四国艦隊の攻撃と下関占領。

このように、攘夷の風潮はこの後も進む。一八五一年に万次郎が、一八五九年に彦蔵が、アメリカの空気をいっぱい吸って帰国するのだが、当然のことに、彼らに当たる攘夷の風の厳しかったことが察せられる。

この攘夷の気分や思潮は、その背景には一八四〇年に勃発したアヘン戦争など、ヨーロッパ列強によるアジア諸国の侵略、植民地化を見ての警戒感があったのであろう。

そしてこの攘夷の気分、思潮は、日本の風土にその後も執拗に通底していく。それはその後の日清、日露戦争、そして第二次大戦―大東亜戦争の、国民の戦意高揚の基底となっていったのではなかろうか。明治以後の日本がたどる一連の戦いは、アジアにおける西欧の植民地支配に対する、一種の攘夷であったかもしれない。少なくとも、大東亜共栄圏の錦の御旗であったことは確かであろう。ただし、当時の日本人の対外戦争に対する意識は、戦国時代の「敵に塩をおくる」的な甘さが残っていたのだろう。薩英戦争の終了後、薩摩は英国に対し、軍艦購入の斡旋を依頼して英国を戸惑わせている。また下関戦争の終了後、長州は四カ国との終戦協定を横浜で締結することになったが、長州は修好使節を横浜へ送るにあたり、四国艦隊に便乗を依頼している、などである（荻原延壽著『アーネスト・サトウ日記抄』朝日新聞社）。

幕末期、はじめは好奇心留学か

ここで、幕末の日本人の「留学の目的」「留学先」「出発年度」について、石附実著『近代日本の海外留学史』（中央公論社）の記録からまとめてみよう。

まず「留学の目的—学問分野」である。

●不明・遊学…五八名　●海軍…二二名　●医学…一一名　●陸軍…四名
●政治・法律…四名　●造船術…四名　●英学…三名　●航海術…二名
●鉱山学…二名
●工学、兵学、紡績学、文学、製鉄、普通学、土木学、理化学、理数学、鉄道学、造幣《ぞうへい》術、器械学、政経銀行、各一名。

右の幕末の留学の目的で、「不明・遊学」が、一一三名中の半分近い五八名もいるのはわかる。第二次大戦の終戦後しばらくして、「アメション」という言葉がはやったことがある。戦争で負かされたアメリカという国は、スケールが大きくて人情もおおらかで、わが国とはだいぶ違うらしい。ちょっと見てこよう。小用《しょうよう》をたすくらいの短期間でも見てこよう、という意味である。外遊・留学などというといかめしいが、なに、根底にあるのは好奇心であろう。

目的が明白なもので多いのが、軍事関係である。なかでも海軍関係が造船、航海術を含めると、目的明確組五五名中の半分の、二八件にも上る。黒船の脅威がこたえているのだろう。陸上戦なら精神力でも何とかなるかもしれないが、海上戦は物理力で勝ち負けが決まることが多い。

次に留学先である。
●英（イギリス）…四四名　●米（アメリカ）…三六名　●仏（フランス）…三〇名
●蘭（オランダ）…一六名　●露（ロシア）…六名　●香港（ホンコン）…二名
●独（ドイツ）…一名　●英米…八名　●欧米…二名

留学先としてはやはり、工業先進国の英米仏が上位である。蘭が一六名というのは、それまでの「なじみ」の名残りであろう。英が米より多いのは、米が南北戦争中（一八六一～一八六五）であったことも影響しているのであろう。

次に、出発した年、人数、行先、派遣者、留学者である。既述の人物も含まれている。

●年度	●人数	●行先	●派遣者	●留学者
一八六二年（文久二年）	一五名	蘭	幕府	榎本武揚たち
一八六三年（文久三年）	五名	英	長州	長州ファイブ（密航）
一八六三年（文久三年）	三名	仏	薩摩	五代才助たち（密航）
一八六四年（元治元年）	一名	米	本人	新島襄（密航）
一八六五年（慶応元年）	一五名	英	薩摩	森有礼、松村淳蔵たち
一八六五年（慶応元年）	七名	露	幕府	山内作左衛門たち
一八六六年（慶応二年四月）	〈海外渡航解禁〉			
一八六六年（慶応二年）	一四名	英	幕府	林董（一七歳）、外山正一（一九歳）、菊池大麓（一二歳）たち
一八六六年（慶応二年）	三名	英	薩摩	中井弘たち

新島襄、キリスト教を究めに米国に密航

新島襄は、幕府の軍艦操練所で洋学を学び、二一歳のとき函館から米船に乗り、一年有余の航海を経て、一八六五年、ボストンに到着。密航。その後、一八六八年の明治維新後も米国に留まり、一八七二年（明治五年）米国訪問中の岩倉使節団と会い、通訳を務める。国の依頼で欧米教育制度の調査をする。キリスト教

主義大学の設立を意図。のちに、同志社大学を設立。二〇一三年NHKの大河ドラマ『八重の桜』の、八重の夫。

新島の事跡の年度を、やや詳しく追ってみよう。

一八四三年（天保一四年）江戸に生まれる。馬術、剣術、漢学を学ぶ。

一四歳のとき蘭学を学ぶ。

友人宅にて簡略聖書と出会い、熟読。福音が自由に教えられている国へ、渡航を決意。

英語は函館で少し習っただけ。

一八六四年七月一八日（元治元年六月一四日）、函館からアメリカ船に乗船、日本脱出。船長室付の給仕を務める。

一八六五年七月二〇日　上海経由で波斯頓（ボストン）着。船長、船主のアルフュウス・ハーディーに裏の身柄を託す。

一八六六年一月一日　フィリップス中学（超一流の進学校）三年に編入。算術、地理、作文などを学ぶ。

一八六七年九月二三日　マサチューセッツ州アマースト大学に学ぶ。のちに内村鑑三などが学んだ学校である。いわゆるアイビーリーグの一校。

一八七一年三月　ワシントンの日本公使、森有礼に会う。

森は、新島の凡庸でない才能を認めて目をかける。明治五年一月二一日（陽暦一八七二年二月二九日）、岩倉使節団がワシントンに来た機会に、岩倉大使に新島を引き合わせ、密出国の罪を赦してもらい、さらに官費留学生の扱いになるよう斡旋した。その結果、新島は密出国の罪を赦され、外務省からの旅行免状と海外留学許可証も与えられた。

また新島は蘭学修業中に、津田梅子の父親、津田仙と知り合っている。

新島襄

その娘の梅子がやってきたと聞いて、彼女の居留先のジョージタウンのランマン宅にしばしば逢いに行っている。（以上寺沢龍著『明治の女子留学生』平凡社新書より）

一八七二年三月　森の米国学校制度の視察に際し、通訳を務める。岩倉使節団の田中文部大承（文部大臣）とともに、欧州教育状況の視察。

一八七四年一一月二四日　サンフランシスコより、横浜に帰着。

一八七六年（明治九年）一一月二九日　同志社英学校、開校式。新島三三歳。

一八九一年（明治二四年）一月二三日没。享年四八歳。

以上、事跡年代は、新島襄著『わが人生』（日本図書センター）による。

前記の一八六五年、薩摩派遣の英国留学生の一人、松村淳蔵は、ロンドン大学に学んだのち、アメリカに渡りラトガース大学に学ぶ。さらに一八七三年、アナポリス海軍兵学校を卒業。わが国の海軍兵学校の初代校長となる。のちに海軍中将。

一八六六年に幕府派遣の外山正一は、外交官を経て東京帝国大学総長、文部大臣を務める。林薫は後の英国公使、外務大臣。菊池大麓は、近代数学を初めて日本にもたらした数学者。のちに東京帝国大学総長、文部大臣を務める。薩摩派遣の中井弘は、貴族院議員、京都府知事となる。

Chapter 3

第3章　明治編

対外戦争で目覚めた薩摩・長州藩

日本の明治は、長州藩と薩摩藩出身者が牽引したようにいわれるが、実際その傾向が強い。しかし、その事実の背景には、両藩の留学の必要性、重要性に対する先見の明があったといっても、過言ではないであろう。両藩とも、薩摩は英国艦隊と、長州は四国艦隊と戦って、文明の強さ怖さが身に沁みているからである。

長州は前述の長州ファイブのあと、明治元年つまり一八六八年には、のちに外務大臣などを歴任する青木周造らをドイツに、明治三年には、のちの内務大臣を務める品川弥二郎らをドイツ、イギリスに送っている。青木は、当時は留学生といえば軍事、医学に偏っていたのを、近代化のために多岐にわたる学問分野の必要性を説き、その結果、製紙、ラシャ絨毯製造、ビール製造などへの道を開いた。

東郷平八郎、大山巌、乃木希典《のぎまれすけ》

しかし、近代国民国家を建設するためには、軍備が必須である。

薩摩藩からはのちに日清、日露などの戦いで日本を勝利に導く軍人が、早い時期から留学している。

いうまでもなく、これらの戦いは、日本が列強の仲間入りをするための登竜門となった。世界地図で見ると、ユーラシア大陸の片隅に小さな唐辛子のようにはり付いた日本が、大国である清・露を打ち負かしたことは世界を驚かせたのである。

たとえば日清戦争の黄海海戦で、軍艦「浪速《なにわ》」の艦長として活躍し、また日露戦争の折の日本海海戦でロシアのバルチック艦隊を壊滅させた、日本艦隊の司令長官・東郷平八郎である。

東郷は明治四年、すなわち一八七一年から一八七九年までの八年間（二二歳から二九歳まで）、英国に官費留学している。明治四年の四月一四日、横浜を発ち、六四日後、イギリス南部のサザンプトンに到着している。最初はポーツマスで数学、歴史、製図などを学んだ。その後東郷は、海軍士官としてダートマスの海軍兵学校を希望したのだが許されず、商船学校のウォースター協会で学んだ。学校といっても校舎はなく、ロンドンのテームズ河畔の商船ウォースター号が学び舎である。

すでに二年前の戊辰戦争のとき、宮古湾の海戦で新政府軍の軍艦「春日」に乗り組み、幕府軍艦「回天」を相手に実戦を経験していた東郷にとって、商船での学習は物足りないものがあったであろう。二年後卒業し、今度は帆船ハンプシャー号で七ヶ月間の世界一周航海を終えたのち、日本が英国に発注した軍艦「比叡」を回航して帰国する。八年間の留学生活であった。

のちの日本海軍の連合艦隊司令長官・東郷も、留学期間を含んで、長い海上経験があったのである。

また、同じく日露戦争当時、陸軍の満州軍総司令官を務めた大山巌も、一八六九年（明治二年）から一八七三年に至る二七歳から三一歳までの四年間を、スイス・ジュネーブに滞在して、普仏戦争を観戦すると同時に、数学、フランス語、大砲術などを学んでいる。帰国後みずからも大砲を作り、弥助砲《やすけほう》と呼ばれた（弥助は大山の通称）。東郷、大山、いずれも薩摩藩出身である。

この時期、薩長のみでなく土佐藩も、明治三年に馬場辰猪《ばばたつい》ら五名の藩士を英国留学させている。辰猪はこの地で海軍や法学について学び、帰国後、自由民権運動の指導者になる。

「海の東郷」「陸の乃木」とならび称された、長州出身の乃木希典陸軍大将も、一八八六年（明治一九年）から二年間、河上操六とともにドイツに留学し、軍政を学んでいる。

乃木は日露戦争の折、ロシア軍の強力な旅順の要塞を大苦労の末、陥落させた将軍である。のちに明治天皇崩御の際に殉死して、世界の反響を呼んだ。

第一回・国費留学生、長井長義

一八七一年（明治四年）、新政府は、第一回の国費留学生一一名を米欧に派遣した。気管支喘息《ぜんそく》の特効薬エフェドリンの発見者、長井長義もその一人である。

長井は一八四五年、阿波藩の典医の家に生まれ、二二歳のときに西洋医学および化学を学ぶため、長崎に留学している。そのときの下宿先が、日本写真界の開祖となる上野彦馬宅であり、化学と親しんだ。その後ドイツに留学し、ベルリン大学でＰｈ．Ｄ（医学博士号）を獲得し、帰国後の一八八五年（明治一八年）、麻黄からエフェドリンを発見、気管支喘息患者の福音となる。東京帝国大学教授。

独滞在中に知り合ったテレーゼ・シューマッハと結婚するが、帰国後、妻の影響もあって女子教育にも力を注いだ。

西園寺公望、パリ・コミューンの真っただ中に留学

また公家の一人で、のちに総理大臣を務めることになる西園寺公望《さいおんじきんもち》も、明治三年から十有余年、フランスはソルボンヌ大学に、官費で留学している。

西園寺は、留学直後にパリ・コミューンを目撃した。また、同じく留学中の中江兆民らと親交を結んでいる。これらのことが、帰国後、自由民権運動に加担した大きな動機ではないかとされている。さらに留学中は、のちのフランス首相となるクレマンソーと下宿をともにし、第一次世界大戦後のパリ講和会議に全権特

使として出席したときに、同じくフランス代表であった彼と旧交を温めている。

西園寺の『陶庵随筆』から、パリ・コミューンの情景を観てみよう。

「余の巴里《パリ》遊学は仏国の近世史中最も多端なる時期に際会し、普仏戦後のコムミウヌ党変乱、チエール政府並びにガムベッタ盛時等を見たりしが、コムミウヌ党が内乱を起して、一時巴里の政権を取るや、余が寄宿したる学校は、その教師多く官軍派たるがため、極めて危険を感じ、武器を穴蔵の中に蔵《かく》すに至りき。時に官軍ヴェルサイユより巴里に攻め寄すると聞くや、コムミウヌ党の首領等巴里の市民を強迫し、四通八達の地にバリカードを作りてこれを防ぐ。バリカードは街上の敷石を起してこれを積みあげ、もしくは酒樽その他あらゆる障害物を以て、一種の胸壁を作り、これに拠りて敵を防ぐなり。此役《このえき》激戦数回にして、兵燹のために名区を消失したるもの少なからず。火絶えざる数日、竜動より消防隊来りて力を貸すに至る。……」

岩倉使節団、建国のたねを世界にばらまく

しかし、なんといっても外国を学ぶ事業として大がかりなものは、明治四年（一八七一年）一一月から翌々年の九月までの二年間弱、欧米を股にかけて実施された、岩倉使節団の派遣であろう。驚くのは、時の政府の重鎮である岩倉具視《いわくらともみ》（四六歳）、大久保利通（四一歳）、伊藤博文（三一歳）、木戸孝允（桂小五郎）（三九歳）らが、あとは西郷隆盛らにまかせて、外国視察で二年近くも国を空けてしまうことである。国の生まれ変わりのために、思い切ったことをやったものである。今、政府の主要人物の大半が二年近くも外遊してしまったら、大騒ぎになるだろう。明治政府の、近代化のための尋常でない覚悟のほどが察せられる。勝海舟、福沢諭吉も、この洋行に加わっている。

一行の総員は一〇七名。内訳は使節四六名、随員一八名、留学生四三名であった。

この使節団そのものは、欧米の近代国家のトータルを把握するためのものであるが、ここで注目したいの

は、使節団が世界にばらまいてきた留学生たちのことである。

よく知られた名前を拾ってみても、金子堅太郎（一八歳）、團琢磨《だんたくま》（一三歳）、武者小路実世（一九歳）、中江兆民（二四歳）、牧野伸顕（一〇歳）、さらに津田梅子（六歳）を含む女子五名がいる。わずか六歳の幼児まで連れて行くところが、すごいではないか。

この幼少の女子を留学させた理由は、留学年限を一〇年としたので、婚期を逸することを心配したためといわれている。

金子堅太郎はまず米国の小学校に入り、飛び級ながらハーバード大学まで進み、このとき、のちの米国大統領となる先輩の同窓生、セオドア・ルーズベルトの知己を得る。このときの縁で日露戦争当時、桂首相の依頼により、停戦の調停をセオドア・ルーズベルト大統領に依頼して成功させている。日露戦争は勝利したとはいうものの、内実は日本軍の前線では矢玉尽き果てて、これ以上の戦は無理であり、停戦の調停を頼んだのである。

團琢磨は、オペラ『夕鶴』などの作曲家・團伊玖磨《だんいくま》の祖父で、のちに三井財閥の総帥として活躍する。

武者小路実世は、小説家・武者小路実篤の父。

中江兆民はのちにフランスの思想家ジャン・ジャック・ルソーの紹介や、著作『一年有半』、また自由民権運動の理論的指導者として知られている。大逆事件で刑死した無政府主義者、幸徳秋水の師である。

牧野伸顕は、のちの政治家、外交官で大久保利通の次男。

津田梅子は、津田塾大学の創始者。

一八七一年（明治四年）前半に米国、欧州を視察旅行した北海道開拓使、黒田清隆が、女子留学の必要を説いた建議書を出し、岩倉がこれを支持、このとき五人の少女たちの留学が実現したのである。

五人の少女留学生

この使節団に随行する留学生の募集に応募した女子は、津田をはじめ、吉益亮子《よしますりょうこ》（一四歳）、上田悌子（一四歳）、山川（のちの大山）捨松《すてまつ》（一一歳）、永井繁子（八歳）の五人であった。留学期間は一〇年。旅費、学費、生活費はすべて政府もち。そのほか、年間八〇〇ドルの奨学金が支給されるという条件であった。

ここで興味深いのは、女子留学生のいずれもが肉親に、留学経験者ないし関係者を持っていたことである。現在と違って、当時の外国はまさに異国で、洋行というだけでも「今生の別れ」くらいの大それた出来事であったであろう。まして女子である。この五人は、いずれも肉親に留学経験者がいたからこそ、異国に対する心理的抵抗も少なく、身内の賛同あるいは積極的な後押しも得やすかったのであろう。

すなわち津田梅子の父親の津田仙は、慶応三年一月に渡米している。幕府が発注した軍艦の引き渡し督促のために使節団を派遣したが、このとき福沢諭吉などとともに、津田仙も通訳として随行したのである。そもそも津田仙は、幕末に福地源一郎の英語塾で学び、外国奉行通弁として幕府に出仕していた、英語のプロなのであった。

また山川捨松の兄、山川大蔵は一八六六年（慶応二年）、樺太の国境問題で幕府が遣露使節を派遣したとき、会津藩が随従を依頼し、同行している。フランス、イギリス、オランダ、プロシャ、ロシアと回っている。永井繁子の兄の益田徳之進は、一八六三年（文久三年）の遣仏使節団の一員として渡仏している。のちの三井物産の創設者である。

上田悌子の父の上田友助は、上記、山川捨松の兄とともに遣露使節に同行している。

吉益亮子の父、吉益正雄は、明治政府の外務省に勤務している。

このように、女子留学生の五人は、いずれも父や兄が外国経験、あるいは外務省経験があった。一行は、サンフランシスコを経てワシントンに向かう。

津田梅子、津田塾大をつくる

上記の津田梅子はワシントンで初等・中等教育を修めたのち、コレジエト・インスティチュート、アーチャー・インスティチュートでラテン語、フランス語、英文学、自然科学、心理学、芸術などを学んだのち、一八八二年に一八歳で帰国する。帰国後、伊藤博文邸に滞在するが、なにしろ六歳で渡米し十一年間も在米していたので日本語を忘れていたため、同邸にいた歌人で教育者の才女、下田歌子に日本語を学び、同時に伊藤の英語の復習を手助けしている。また華族女学校で英語を教えている。

そして帰国から七年後、一八八九年（明治二二年）、二五歳のときに再び渡米し、カレッジで生物学を学び、「蛙の発生に関する研究」などを行う。一八九二年（明治二五年）に帰国し、女子高等師範学校教授などを務めたのち、一九〇〇年（明治三三年）、三六歳で大山捨松、瓜生《うりゅう》繁子《しげこ》などとともに「女子英学塾」を設立する。これが、現在の津田塾大学の起源である。

左端・津田梅子、
右端・山川（大山）捨松

山川捨松、看護婦教育所をつくる

山川捨松は、コネチカット州ニューヘイブンの牧師宅で初中等教育を受けたあと、永井繁子とともに、ニューヨーク州のヴァッサー大学に進み、学年会会長に選ばれるなどの活躍をする。その後コネチカット看護婦養成学校に通い、上級看護婦の免許を取る。

そして一一年の留学生活を終え、一八八二年（明治一五年）帰国。捨松は帰国後、有志共立東京病院（現東京慈恵会医科大学附属病院—略称、慈恵医大）を見学した際、そこに男の看護人はいたが、看護婦の姿がないのに衝撃を受け、院長の高木兼寛に看護婦養成学校の開設を説く。その結果、日本最初の看護婦学校、有志共立病院看護婦教育所が、一八八四年に設立される。設立のための基金は、捨松らの「婦人慈善会」が、鹿鳴館で慈善バザーを開いて集めたものなどである。

このときの高木兼寛は、後述するが「脚気《かっけ》の原因問題」で、陸軍軍医総監であった森鴎外と大論争する、当時の海軍軍医総監である。

捨松はこののち、前出のジュネーブに留学した陸軍軍人、中将・大山巌と夫婦になるが、長い留学生活のため二人とも日本語がうまく話せず、ましてや大山の鹿児島弁と、山川の会津弁ではさっぱり意思疎通ができず、夫婦の会話はフランス語か英語であったという伝説がある。また二人の結婚披露宴は、完成したばかりの鹿鳴館で行われた。大山巌四二歳、山川捨松二四歳であった。

二人が踊る鹿鳴館の宵、交わす会話は異国の言葉。なんと、明治は浪漫に満ちていたことか。

しかし戊辰戦争の際、捨松の故郷・会津藩は、巌の郷里・薩摩藩の猛攻を受けて占領されている。大山は砲兵を率いて参戦したが、鶴ヶ城攻撃の初日に負傷後送されている。いっぽう鶴ヶ城には八歳の捨松が篭城していた。この篭城戦では、捨松の義姉が「焼き玉押さえ」で死亡している。

このように、この結婚はいわば、かつての仇同士の結婚であった。

永井繁子、音楽学校教員となる

永井繁子は、捨松と同じヴァッサー大学で音楽を学び、のちに女子高等師範学校兼東京音楽学校教員を務める。繁子は帰国一年後に、同じく米国のアナポリス海軍士官学校に留学していた、帝国海軍中尉・瓜生外吉と結婚する。瓜生はのちに海軍大将となる。

女子留学生五人のうち、一〇年の留学を全うしたのは、右の津田、山川、永井の三人である。吉益亮子と上田悌子は、明治五年の一〇月末に健康上の理由で帰国している。

このように岩倉使節団は、各分野で近代日本を支えることになる留学生という種を、世界各地にまいてきたのである。

なお、この明治四年の米国留学生を、先に薩摩藩から派遣された英国留学生のうち、米国に渡った森有礼がずいぶん世話をしたようである。

雲煙万里、片道二四日間の航海

思ってもみよ。この時代、幕末から明治にかけての地球は、時間距離でいうと、今より百倍近くも地球は大きく、欧米ははるか彼方であったころの話である。しかも、今ならば中学高校で英語を学習したという前提での留学であるが、当時は予備知識は乏しく、まさにぶっつけ本番で、やる気ひとつで雲煙万里の異境を目指したのである。

横浜を出港して二四日目、日本の未来を背負う岩倉使節団一行を乗せた汽船アメリカ号は、太平洋を横断してサンフランシスコ港に到着した。

もちろん当時、日本にも教育の場がなかったわけではない。ないどころか、士階級は昌平坂学問所（昌平黌）や各藩の藩校で、一般庶民は世界でも例を見ることの少ない初等教育の学び舎、寺子屋で、読み書き算数、そして道徳を学んでいたのである。津田梅子らを送った意図は、英語をはじめ、むしろ西洋の風を吸わせることにあったのだろう。

前述のように、喘息の薬エフェドリンの抽出に成功し、日本薬学界の父といわれる東大教授・大日本製薬の技師長であった長井長義も、この年に第一回国費留学生として、ドイツのベルリン大学に留学している。

なお、当時から外国旅行を願い出ると、今のパスポートに相当する「印章」が渡された。同時に「須知書」というものが渡され、そこには旅行の心得が記されている。それは以下のようである。
●外国に行って、日本のためになるようなことを見聞したら、報告すること。
●外国では、国の恥になるようなことはしてはならず、借金をしてはならない。借金をしても、帰国までには必ず返すこと。

●外国人と争いをしてはならない。

●外国に帰化したり、改宗してはならない。

●帰国後は「旅行中之始末委細」を報告すること。

などである。（石附実著『近代日本の海外留学史』などより）

かくして、明治年間で二万人にもおよぶ留学生が、近代を吸収しに海を渡ったのである。そのうちの大半が国費留学であった。ちなみに、明治五年の文部省予算の三分の一が留学生支出であった。

「洋行」とは、このころにできた言葉である。ミナト横浜、出港を告げる銅鑼《どら》の響き、別れのテープの渦。鎖国という土手から解放された奔流が、科学と欧米風を求め、雪崩をうって走り始めたのである。

貢進生《こうしんせい》、旧幕藩体制を活用した明治政府

「貢進」とは、三省堂『新国語中辞典』によれば「みつぎ物を奉ること」となっている。「貢進生」とは、明治政府が近代国家建設のために、各藩に優秀な人材を出すようにと要求した、その人材を意味する。江戸幕府を倒したものの、近代国家を建設するためには有能な人材が必須要件である。その人材確保のために、明治政府は各藩の分に応じて一名から三名出せと命じたのである。

政府は、近代国家の文物を吸収し教えるために、中心的役割を果たすべく期待して、大学南校を作った。貢進生たちは、そこで学ぶことになる。一八七〇年（明治三年）七月のことである。貢進生の総数は三一八名であった。

大学南校は、開成学校を経て、東京大学に発展する。この貢進生のなかから、文部省派遣海外留学生がでる。第一回が、明治八年。鳩山一郎の父で政治家の鳩山和夫（イェール大学に留学）や、日露戦争の停戦講和に活躍した小村寿太郎（ハーバード大学に留学）などがいる。第二回が明治九年、昭和天皇に倫理を進講した

国粋主義的教育者で思想家の杉浦重剛（英国マンチェスター・オーエンスカレッジ他に留学）などがいる。

この例から考えさせられることは、明治維新が、各国に見られるような血なまぐさい革命ではなかったことである。旧幕藩体制の各藩より、人材を登用しているからである。極端な例は、旧幕府軍の軍事総裁であった勝海舟を維新政府の参議や海軍卿に着任させ、幕府海軍のトップであった榎本武揚を外務大臣に登用していることだ。明治政府は、面子や建前よりも、実質や合理主義を採ったのである。

明治新政府、留学で近代化に大攻勢

明治新政府の大久保利通、木戸孝允らは、西欧文明の取り込みに積極的であり、その具体的手段として留学を重視した。明治元年から七年までの留学生の状況は、左記のようである。（『近代日本の海外留学史』より）

「出発年と人数」

●明治元年…一六名　●明治二年…一七名　●明治三年…一六一名　●明治四年…二一三名
●明治五年…八四名　●明治六年…二四名　●明治七年…一〇名　●不明…一二名

留学生数は、明治三、四年に急増しているが、この時期は革命戦争ともいえる戊辰戦争も決着し、明治政権の土台も確立され、世情も安定期に入った時代である。

「留学先」

●アメリカ…二二二名　●イギリス…一七〇名　●ドイツ…七〇名　●フランス…六一名
●ロシア…八名　●清国（中国）…八名　●オーストリア…五名　●ベルギー…四名
●オランダ…二名　●香港…二名　●イタリア…二名　●スイス…一名

●単に欧州…一五名　●不明…二名

留学先は、幕末のイギリスにかわり、明治初年はアメリカがトップに躍り出ている。

「派遣者」

●国（官）…二三三名　●県または藩（公）…一四七名　●私…一〇三名

●不明…二六名

国費留学生が半分近くを占めているのが、明治政府の意欲をうかがわせる。また公費（藩費、県費）が多いのも時代を映している。

「留学目的」

●不明…一六四名　●随行…六四名　●大学・カレッジ…六〇名　●海軍…二六名

●鉱山…二一名　●語学…一七名　●法学、農学、医学…各一六名　●兵学…一〇名

●伊万里…九名　●造船、学科質問…各八名　●経済…七名　●政治・行政…六名

●造幣、工学…各五名　●グラマースクール、灯台技術、牧畜、測量、会計…各四名

●普通学、莫大小製造、舎密学、政経、英学、理化学、繊維、銀行、商法、製陶・陶磁工…各三名

●薬学、林学、牧畜、仏学、商学、絵画、神学校、物理、陸軍、建築学、生理学、玻璃（ガラス）製造、航海学、土木、軍事…各二名

●イタリア工業学校、動物学、植物学、学制、彫工術、理科、エンピツ、解剖学、地質学、図学、民法、数物、数学、刑法、化学、土木建築、電信技術、通弁、マッチ、染色、製紙、律学、商工業規則、

技師、制度、哲学、司法、塗物…各一名

留学目的「不明」が異様に多いが、何ということはない、先にも述べた第二次大戦後の「アメション」と同じで、鎖国から開放され、とにかく世界を見てやろうというエネルギーの現れである。このなかには藩主、県知事も多い。

随行も多いが、ここには明治四年の、岩倉視察団の四十数名が入っている。

不明、随行を除く七三項目の内訳は、軍関係が四件、学問関係が四二件、技術・実技が二七件である。この内訳を見ていくと、明治政府の近代国家建設・富国強兵国家建設の願望が、端的に現れている。軍関係は近代国家の建設のために当然であるが、語学、法学、農学、医学などの学問関係は、現代の大学の学部・学科の名称に、ほぼそのまま対応している。

鉱山、造船、灯台、牧畜、測量などの技術・実技は、時代を反映していて面白い。

鉱山は、資源の乏しいわが国にとって重要なものであるが、流通が世界的規模になった現在、乏しい資源を無理して掘らなくても、持てる国から輸入すれば、ことは済む。かつて秋田大学鉱山学部というものがあったが、現在は秋田大学国際資源学部と名称が変わっている。

造船もかつての日本のお家芸であり、一九四〇年（昭和一五年）には、戦艦大和・武蔵のような世界最大の軍艦（基準排水量　六万四〇〇〇トン）を、それぞれ呉海軍工廠・長崎造船所で造るほどになった。だが、それまでには多くの留学生（軍人を含む）の苦労があったのである。

日露戦争時の大日本帝国海軍の旗艦「三笠」（一万五〇〇〇トン。一九〇二年―明治三五年就役）ですら、英国ヴィッカース社に発注していたが、日本海海戦での「三笠」の活躍に感動したヴィッカース社は、次の戦艦「金剛」の建造の際には、多くの日本の軍人、工手が製造現場で学ぶことを許している。技術留学である。それらが実って、大和や、第二次大戦後の造船王国が実現するのである。

そして、灯台ねぇ。明治に入り、商業が発達し海運がさかんになると、灯台は船舶にとって重要な役割を担い、「灯台守《もり》」は社会的に重要な職業であった。留学を通して、技術を先進諸国から学び取ったのであろう。『喜びも悲しみも幾年月』という灯台守の映画もできたほどである。

かつては地文航法、天文航法といって、船舶の現在位置を確認するため、灯台は頼りになる物標であった。そして陸から遠く離れた海上では、太陽や星を六分儀で観測し、厄介な計算をして割り出したものだが、今はGPS（衛星測位システム）によって、手のひらの上に乗る計器であっという間に位置をつかむことができ、日本中のほとんどの灯台は無人化している。

わかりにくいものがあるが、莫大小とはメリヤス、毛糸の腹巻。これも留学生が持ち帰った。ガラス、エンピツ、マッチ、みんな明治の留学生の汗がしみこんでいるのだ。

西洋音楽を取り込め、滝廉太郎

芸術の分野でも、西洋式の音楽や美術の、吸収と創造が始まる。

歌曲では『荒城の月』(作詞・土井晩翠《どいばんすい》)、『箱根八里』(作詞・鳥井忱《とりいまこと》)、『お正月』『鳩ぽっぽ』(作詞・東くめ)などの、今も人々の唇にのぼる歌の数々の作曲家・滝廉太郎《たきれんたろう》は一八七九年（明治一二年）生まれ。東京音楽学校（現・東京芸術大学）に進み、首席で卒業。明治三四年四月六日、文部省派遣留学生として、ドイツのロイド社の郵便船、ケーニヒ・アルバート号で横浜を発ち、ドイツに向かう。船は五月六日にイタリアに着き、汽車でベルリンに向かう。到着後はドイツ語をはじめ受験勉強をし、ライプツィヒ音楽院を目指す。二二歳のときである。

音楽院の入試は一〇月一日であり、無事に合格する。しかし入学、登校からわずか一ヶ月と三週間で結核を発病し、一九〇二年（明治三五年）八月二四日、日本郵船若狭丸でアントワープを発って、帰国の途につく。無念であっただろう。

帰路、ロンドンに寄港したとき、『荒城の月』の作詞家・土井晩翠の見舞いを受ける。土井晩翠は、英文学研究のためにロンドン大学に留学していたのだ。『荒城の月』の作曲家と作詞家が邂逅したのは、このときが初めてであり、あとにも先にもこのとき一度きりである。

そもそも歌曲は、詞が先か曲が先か、ということが取り沙汰される。阿久悠作詞の『津軽海峡冬景色』などは曲が先で、それに詞をつけろと依頼されたと、阿久悠自身が語っている。『荒城の月』の場合は、一九〇一年（明治三四年）中学校唱歌のために東京音楽学校が曲を懸賞募集しようと試み、まず詞を、当時すでに詩集『天地有情』などで名を博していた土井晩翠に依頼し、それにつける曲を公募して、滝廉太郎の曲が採用されたのである。

しかし滝廉太郎は、帰国後の翌年六月二九日、惜しくも二三歳の若さで没した。

多くの作品が残されていたが、結核菌を危惧して、ほとんどの楽譜が焼却されたという。惜しい話である。

（参考・海老沢敏著『滝廉太郎』岩波新書ほか）

山田耕筰、赤とんぼからポーラ化粧品まで

『からたちの花』『この道』『かやの木山の』『鐘が鳴ります』『松島音頭』（以上、作詞・北原白秋）、『野薔《のば》薇《ら》』（作詞・三木露風）、『千曲川旅情の歌』（作詞・島崎藤村）などの、やはりなじみの深い歌曲で親しまれる山田耕筰は、一八八六年（明治一九年）生まれ。滝廉太郎と同じく東京音楽学校に学んだあと、男爵・岩崎小弥太の資金援助を得て、一九一〇年（明治四三年）、ドイツのベルリンに留学。

まずはドイツ語を独学の猛勉で吸収したのち、難関の名門、王立音楽院（ホッホシューレ）に合格。四年の歳月を勉学についやす。

ベルリンでは、ドイツの演劇の研究にやって来た、日本演劇界の泰斗《たいと》・小山内薫《おさないかおる》と出会い影響を受ける。

歌曲では、右記のほか、『赤とんぼ』（作詞・三木露風）、『兎のダンス』（作詞・野口雨情）、『お山の大将』（作詞・西条八十）、『砂山』、『ペチカ』『待ちぼうけ』『あわて床屋』（以上、作詞・北原白秋）などの、日本人なら幼少期に胸にきざみ込まれた童謡も数多い。

また太平洋戦争中は『燃ゆる大空』『陸軍落下傘部隊の歌』『米英撃滅の歌』などの軍歌、戦時歌謡も多く作っている。

また小学校、中学校、高校、大学の校歌も一五〇近く作曲している。

その他、社歌も多く、ポーラ化粧品『ポーラ音頭』（作詞・西条八十）、福助足袋の社歌（作詞・北原白秋）など、多作である。短命の滝廉太郎と違って、エネルギッシュに七九歳という長寿を全うした結果でもあろう（以上参考『はるかなり青春のしらべ（自伝／若き日の狂詩曲）』山田耕筰著 発行エムディシーほか）。

脚気論争は森鴎外の負け

かくして、明治期には二万人にもおよぶ日本人が外国に学んでいる。漱石も鴎外も、この二万人のうちにいる。

森鴎外は東大医学部を卒業ののち、一八八四年（明治一七年）陸軍軍医本部付となり、ドイツに留学を命ぜられる。ドイツ陸軍の衛生制度調査のためである。ときに鴎外、二二歳。ベルリンでは北里柴三郎とともに、細菌学の研究をする。このためか、帰国後の脚気の原因論争では、細菌説を採ったことでも有名である。日清、日露戦争時、脚気が猖獗《しょうけつ》を極め、とくに軍隊では戦力に直接影響するだけに、大問題であった。ドイツで細菌学を学んだ陸軍軍医総監の鴎外が、脚気細菌説を主張したのに対し、英国のセントトーマス医学校に留学し、栄養学を学んできた海軍の軍医総監の高木兼寛は、米食人種以外に脚気患者がいないことに着目し、脚気の原因は白米食であると主張した。ビタミンの認識などなかった当時のことであるから、状況証拠で主張したのであろう。結果として、この論争は鴎外の負けであった。高木が軍医総監であった海軍は、兵食を米食から麦飯やパンに切り換え、そのおかげで、遠洋航海中に多発していた脚気患者は絶無となった。

高木はのちに男爵の地位を与えられるが、「麦飯男爵」のあだ名がつく。

いっぽう鴎外が軍医総監であった陸軍は、脚気患者が続出し、戦力にも影響を与えたのである。

周知のごとく鴎外は、帰国後『舞姫』『阿部一族』など多くの文芸作品を残す。それにしても鴎外は、なんと理系人間であった。

ロンドンの物価高にあえいだ夏目漱石

この鴎外より六歳年下の夏目漱石は、一九〇〇年（明治三三年）文部省より英語研究（英文学研究）のため英国留学を命ぜられ、ロンドンに赴く。ときに漱石、三四歳。最初の文部省への報告書に、漱石は書いている。

「物価高真ニ生活困難ナリ十五磅（ポンド）ノ留学費ニテハ窮乏ヲ感ズ」

当時、世界で米国とともにいちばんお金持ちの国であった英国の賃金は月収六〇ポンド近かったので（富田俊基著「英国大不況（一八七三〜一八九六）の研究」『フィナンシャル・レビュー』収録）、一五ポンドでは漱石たち日本人留学生の生活は大変であったことだろう。英国に留学に来ようとしている荻木清次郎宛の手紙で、漱石は「下宿料は大抵《たいてい》一週二磅《ポンド》（二〇円）内外に候」と書いている。つまり下宿代だけで月に一〇ポンドもかかってしまうということだ。月一五ポンドの留学費では大変だぞ、と警告しているのだ。

一人当たりの国民所得をひも解くと、近いところで、二〇一三年の場合、英国が世界で二三位の三万九五六七ＵＳドル、日本が二四位の、三万八四九一ＵＳドルと、ちょぼちょぼであるが、漱石留学時に近い一九一三年（大正二年）当時の英国のそれは、世界でもトップに近い四九二一ＵＳドル（一九〇〇年国際ドル）であり（『経済統計で見る世界経済２０００年史』）、それに対し日本は四分の一の一三八七ＵＳドル（同上）で、主要二〇国中の一八位であった。メキシコより低かったのである（メキシコごめん）。今日と違って、日本は貧乏国で「洋行」などは高嶺の花の時代であった。

結果的に漱石は、ほとんど大学には通わず「シエクスピヤー」学者のCraigという人の家に教わりに行くほか、もっぱら読書で過ごす。その間の消息を、手紙からかいま見てみる。

ただしこの手紙には句読点がなく、読みにくい。句読点はこの手紙の五年後、一九〇六年（明治三九年）の文部大臣官房図書課の「句読（点）法案」以後、用いられるからである。

「……宿はそれで一段落が付た夫《それ》から学校の方を話さうUniversity Collegeへ行って英文学の講義を聞《きい》たが第一時《とき》の配合が悪い無暗《むやみ》に待たせられる恐《おそれ》がある講義其物《そのもの》は多少面白い節もあるが日本の大学の講義とさして変わった事もない汽車へ乗って時間を損して聴に行くよりも其費用で本を買って読む方が早道だといふ気になる尤《もっと》も普通の学生になって交際もしたり図書館へも這入《はいっ》たり討論会へも傍聴に出たり教師の家へも遊びに行ったりしたら少しは利益があらう然《しか》し高い月謝を払はねばならぬ入《い》らぬ会費を徴集されねばならぬ其《それ》のみならずそんな事をして居れば二年間は烟《けむり》の様に立って仕舞ふ時間の浪費が恐いからして大学の方は傍聴生として二月許《ふたつきばかり》り出席して其後やめて仕舞《しまっ》た同時にPlof. Kerの周旋《しゅうせん》で大学へ通学すると同時にCraigと云ふ人の家へ教はりに行く此人《このひと》は英詩及《および》『シエクスピヤー』の方では専門家で自分でeditとした沙翁を『オクスフオード』から出版して居る『ダウデン』の朋友で今同教授が出版しつゝある沙翁集中の『キングリヤ』のeditorである『ベーカー』町の角の二階裏に下女と二人で住んで居る頗《すこぶ》る妙な爺《じじい》だよ余《あまり》西洋人と縁が絶えても困るから此先生の所へは逗留中は行く積りだ……

明治三十四年二月九日朝

6 Flooden Road,Camberwell New Road, London,S.E. より

東京　狩野君　大塚君　菅君　山川君」

（漱石全集　第二十二巻　書簡　上　岩波書店　より）

文部省派遣の留学とはいえ、杓子定規に学校へ通うのではなく、実質を取る漱石らしい合理主義である。

漱石の英会話力であるが、漱石が第一高等中学校（のちの第一高等学校）の二年生であった明治二二年九月に、赴任してきたスコットランド訛りの強いJ・マードックの講義を受けている。また明治二三年九月に、東京帝国大学文科大学英文学科でJ・ディクソンから英語・英文学の講義を受けている。しかも、このとき学生は漱石一人である（川島幸希著『英語教師　夏目漱石』新潮選書）。

このように明治の前半では、英語の授業はネイティヴの先生が当たり前であったようで、漱石のロンドン滞在中は、ヒアリングやスピーキングにはなんら痛痒はなかったと思われる。ただし、ロンドン独特の方言であるコックニーにはだいぶ閉口した様子である。

しかし、いずれにせよ、ロンドン留学中の漱石はよく勉強したらしい。

夏目鏡子述、松岡譲筆録『漱石の思い出』（文春文庫）のなかで、当時の様子を、妻・鏡子は語っている。

「何もかも切りつめて本を買っては勉強したもののようです……

自分でも生涯のうちでいちばん勉強したのはこの時だと述懐しておりましたくらいです……」

しかし、漱石発狂のうわさが流れたのもこのころである。

「夏目狂せり」の電報が文部省に届いている。発信したのは友人で同じころ英国に留学していた、岡倉天心の弟の岡倉由三郎である。

前述の『漱石の思い出』のなかでも鏡子が語っている。

「夏目がロンドンの気候のせいか、なんだか妙にあたまが悪くて、この分だと一生このあたまは使えないようになるのじゃないかなどとたいへん悲観したことをいってきたのは、たしか帰る年の春ではなかったかと思っております」

当時の言葉でいう「神経衰弱」気味、今なら「ノイローゼ」気味であったのかもしれない。

粋を心得ていた明治の軍人、秋山真之・広瀬武夫たち

いっぽう軍人の留学は、大山巌、東郷平八郎以後も続く。海軍は一八九七年（明治三〇年）アメリカに秋《あき》山真之《やまさねゆき》大尉、ロシアに広瀬武夫大尉、そのほか仏、独、英に海軍兵学校の同期の大尉たちを送っている。

アメリカに赴いた秋山は、当時スペインとの戦争の最中であった、アメリカ海軍の高名な軍師マハン大佐の下で、キューバ島サンチャゴ湾の閉塞作戦を観戦する。船を敵地の湾口に沈め、湾を塞いでしまうのである。この観戦は示唆的である。のちに日露戦争の折、作戦参謀となった秋山は、同じように旅順港閉塞作戦を企てる。そのとき、閉塞船の指揮をとったのが同期の広瀬である。作戦は失敗し、広瀬は戦死する。

広瀬はロシアに留学後、そのまま海軍の駐在員としてペテルブルクに駐留する。そこで、ロシアの海軍少将の令嬢アリアズナと恋に陥る。柔術の達人で無骨な広瀬が、である。島田謹二著『ロシヤにおける広瀬武夫』（朝日新聞社）には、広瀬の日記からこの間の消息が語られる。

日露戦争の際、日本海海戦で、広瀬が戦艦「朝日」の艦橋にアリアズナへの愛を、ロシア語で掲揚する話がテレビドラマ『坂の上の雲』に出てくるが、これはフィクションであろう。いくら何でも、軍規が許さないであろう。

広瀬は詩人であり、漢詩をよくする。プーシキンの詩を漢詩に訳し、アリアズナに詠《うた》って聴かせたりした。明治の軍人は、陸軍の乃木希典大将にしろ、海軍の広瀬にしろ、たしなみとして詩をよくしたものである。粋なものではないか。

なお、アメリカに留学した秋山真之大尉の兄、秋山好古《あきやまよしふる》も陸軍の軍人で、フランスのサンシール陸軍士官学校に留学している。日露戦争では、騎兵旅団長として、黒溝台会戦等で善戦する。のちに陸軍大将。

花のパリの美術家留学生、藤田嗣治・梅原龍三郎たち

一般留学生はもとより、とくに美術家の留学で注目しなければならないのが、フランスである。

在仏日本人の数を追うと、一九一三年（大正二年）が一一一名、一六年が一三五名、二〇年が二二九名、二四年が八二三名、二九年（昭和四年）が八七三名となっている（林洋子著『藤田嗣治　作品をひらく』名古屋大学出版会）。このなかで、美術家の占める割合がいかほどのものかは知るよしもないが、たぶんかなりの数に上っていたであろう。

第一次世界大戦が一九一四年（大正三年）に始まり一九一八年（大正七年）に終わっているが、日本は参戦国であったとはいえ、地理的にも主戦国ではなかったため、漁夫の利的に経済上の利益を得て、為替相場も有利に展開した。そのために渡航もしやすくなったのである。

また、一九一六年（大正五年）に現在のかたちに開通したシベリア鉄道も、当時としては、ヨーロッパとアジアを結ぶ道程としては最も短時間で、人々の欧州行きを促したのであろう。

ややのちの一九三五年（昭和一〇年）当時、東京→パリは船だと、横浜―シアトル―アメリカ大陸横断鉄道―ニューヨーク―大西洋航路―パリ、が四〇日かかったのに対し、シベリア鉄道経由だと一五日で行けたのである。

当時、在仏（おもにパリ）した美術家名をあげると、藤田嗣治、梅原龍三郎、安井曽太郎、佐伯祐三、岡鹿之助、猪熊弦一郎、岡本太郎、海老原喜之助、蕗矢紅児《ふきやこうじ》など、日本美術史上のそうそうたるメンバーで、百花繚乱である。（林洋子著『藤田嗣治　作品をひらく』）

文学者たちの留学、土井晩翠・永井荷風など

明治一四年に『新体詩抄』を矢田部良吉、井上哲次郎らと刊行した外山正一は、幕藩時代の一三歳のとき、蕃所調所で英語を学び、一八歳の一八六六年（慶応二年）、幕府派遣留学生として渡英、最新の文化文明知識を学ぶ。のちに日本人最初の東大教授となる。

『荒城の月』の作詞や詩集『天地有情』の作者である土井晩翠は一九〇二年（明治三五年）に欧州に遊学し

ている。

「山のあなたの空遠く、幸《さひはひ》すむと人のいう ああわれ人と尋《と》めゆきて涙さしぐみ帰りきぬ」（カール・ブッセ）の訳詩で知られる上田敏（右の詩は『海潮音』に収録）も、一九〇八年（明治四一年）三三歳のときにアメリカ、フランスなどに外遊している。

『濹東綺譚《ぼくとうきたん》』の永井荷風は、父親の仕事の関係もあって一九〇三年（明治三六年）、二四歳のときに三年あまりアメリカに、その後フランスに遊び、上田敏と邂逅している。

また『或る女』の有島武郎は、一九〇三年に渡米し、ハーバード大学、ハバフォード大学院に学んだ。

『智恵子抄』の高村光太郎は、明治三九年二三歳のときにアメリカに旅立ち、さらにロンドン、パリに足を運び、三年半の間、美術、彫刻を学ぶための留学をしている。

「むかしの仲間も遠くされば また日ごろ顔合わさねば 知らぬ昔とかわりなきはかなさよ……三月桜 四月すかんぽの花のくれない また 五月にはかきつばた……」の詩人、木下杢太郎《きのしたもくたろう》は一九二一年（大正一〇年）から数年、米欧に学んでいる。

しかし昭和に入って、文学者の海外留学はほとんどない。野上弥生子、金子光晴らが外遊しているが、留学ではない。

第二次大戦後は、『沈黙』『深い河』などの遠藤周作が、一九五〇年に、戦後初のフランス留学生としてリヨン大学に入学したほかは、しばらくの間、後述のフルブライト留学による留学生のほかは、若手の留学はほとんどない。

お雇い外国人と教員の留学、クラーク博士とラフカディオ・ハーン

話は戻るが、明治期、留学のいっぽうで海外に行くより、いっそ向こうの先生を呼んでしまえという動きも起こり、「少年よ大志を抱け」の、札幌農学校のクラーク博士（一八七六年―明治九年、五三歳で来日、

滞日八ヶ月）や、東大で英文学を講じた『怪談』のラフカディオ・ハーン（一八九〇年―明治二三年に四〇歳で来日、一九〇四年つまり明治三七年、日本で没）、東京の大森貝塚の発見で知られる東京帝国大学のエドワード・S・モース教授（一八七七年―明治一〇年、三九歳のときに来日）など、いわゆるお雇い外国人が、明治期に活躍する。

しかしこののち、外国人教師に来てもらうより、語学も高度な学問も日本人の手で教えよう、と教師養成のための留学に力が注がれる。その数は、

●明治八年…一四名　●明治九年…一〇名　●明治一〇年…ナシ（西南戦争の年）
●明治一一年…二三名　●明治一二年…二六名　●明治一三年…一九名
●明治一四年…一一名　●明治一五年…一八名

となっている。

Chapter 4

第4章 大正・昭和編

「学制」の充実によって薄れた留学の必要

しかし、明治五年に公布された「学制」以来、小学校、中学校、女学校、師範学校、高等学校、大学とわが国の教育制度もしだいに整い、また前記のように外国語などの教師も留学させて養成し、生徒・学生が留学をしなくてもすむ水準まで、一般の高等教育の機能も国内でしだいに整っていく。

そして昭和六年（一九三一年）の満州事変以後、日本は「十五年戦争」に突入し、昭和二〇年の敗戦まで海外留学の熱は衰える。

対米戦争（第二次大戦）の始まった翌年の昭和一七年、日米の間で、開戦により交戦相手国に残された外交官や民間人を帰国させるための「交換船」という制度が実行に移された。相手国にいた本国人の人々を乗せて、交換し合うのである。交換場所は東アフリカの、当時ポルトガル領のロレンソ・マルケス。

日本側からは浅間丸（一万七〇〇〇トン）、コンテ・ヴェルデ号（イタリア船籍・一万八〇〇〇トン）などの船が、アメリカ側からはグリップスホルム号（一万八〇〇〇トン）などが出された。駐米特命全権大使・来栖三郎《くるすさぶろう》、ハーバード大学講師・都留重人《つるしげと》などがその船で帰国したが、留学生の鶴見俊輔、鶴見和子なども帰国し、これを最後に、終戦後のしばらくまで日本人の米国留学生は途絶える。

異色の留学生・その1　十大発明家は留学しているか

世の中には、いろいろなランクづけがあるものだ。特許庁の選定した日本の「十大発明家」というものがある（一九八五年）。

名前を列挙すると

1 豊田佐吉（木製人力織機、自動織機の発明）
2 御木本幸吉《みきもとこうきち》（養殖真珠の開発）
3 高峰譲吉（タカジアスターゼ、アドレナリンの発見）
4 池田菊苗《いけだきくなえ》（味の素、L－グルタミン酸ナトリウムの発見）
5 鈴木梅太郎（ビタミンB_1、ビタミンAの発見）
6 杉本京太（邦文タイプライターの発明）
7 本田光太郎（KS鋼、新KS鋼の発明）
8 八木秀次（八木・宇田アンテナの発明）
9 丹羽保次郎（NE式写真電送機の発明）
10 三島徳七（MK鋼の発明）

このうち留学しているのは、高峰、池田、鈴木、本田、八木の五名である。いずれも世界的な、あるいは国家的に重要な発明を残している。

高峰譲吉、グラスゴー大学に留学

一八五四年（嘉永七年）、富山県高岡に、加賀藩御殿医の子として生まれる。一二歳で長崎留学。その後大阪の適塾（緒方塾）などを経て、工部大学校（のちの東大工学部）応用科学科を卒業。
一八八〇年（明治一三年）、二六歳のときに英国のグラスゴー大学に三年間留学。帰国後、人造肥料会社を起業などののち、一八九〇年に請われて渡米、一八九四年（明治二七年）澱粉《でんぷん》分解酵素「タカジアスターゼ」を発明する。また一九〇〇年には、アドレナリンの結晶抽出にも成功している。

池田菊苗、ライプツィヒ大学に留学

Ｌ－グルタミン酸ナトリウム（味の素）の発見者。薩摩藩士の子弟。東京帝国大学理科大学化学科（現・東大理学部化学科）卒。一八九九年、ドイツ・ライプツィヒ大学に一年半留学。一九〇一年五月から一〇月までロンドンに滞在、夏目漱石と同じ下宿に住む。本人は、グルタミン酸を「具留多味酸」と表記した。

鈴木梅太郎、ベルリン大学に留学

米糠《こめぬか》、麦、玄米が脚気の予防に有効であることを発見（オリザニン）。ビタミンの概念を提示。前述（五一ページ）の高木兼寛 vs 森鴎外の脚気原因論争は、森鴎外の細菌原因説でなく、高木の食品栄養説の勝ちであることを裏づけた。一九三七年パリ万博でビタミンB_1の結晶を出品、名誉賞を受賞。
一八七四年、静岡県榛原郡生まれ。東京帝国大学農科大学卒。一九〇一年、二六歳でベルリン大学に留学。一九〇六年帰国。

本田光太郎、ドイツ、イギリスに留学

一九一七年、高木弘と共同でＫＳ鋼を開発する。ＫＳ鋼は、当時の世界最強の鋼であった。この国際的意味は重要。一九〇〇年に英国が超弩級戦艦ドレッドノートを建造し、一九一四年に第一次大戦が始まるなど、各国の建艦競争の最中であり、軍艦の素材の鋼の強度が問われていた時期である。

本田は愛知県、現・岡崎市出身、一八九七年、東京帝国大学理科大学物理学科卒。のちドイツ、イギリスに留学。一九一一年、東北帝国大学理科大学物理科教授。

八木秀次、ハーバード大学で研究

いわゆる「レーダー」、八木アンテナの開発者である。現在、レーダーは船舶関係、航空宇宙関係など各方面で必要不可欠なものである。

第二次大戦中、日本海軍はガダルカナル島沖の海戦で、暗夜いきなり暗闇のなかから砲撃を受けた。月のない夜でも、一万メートルは視認できるよう見張員を養ってきた帝国海軍にとっては、大ショックであった。米軍はレーダーを利用していたのである。

そのレーダーを開発したのは、誰あろう日本人の八木秀次であった。それも、この戦いの一五年以上も前の話である。レーダーを採用しなかったのは、日本の敗戦のひとつの原因となった。極端な精神主義の表れというべきであろう。

八木秀次は一八八六年、大阪の生まれ。第三高等学校、東京帝国大学の工科大学電気工学科卒。仙台高等工業の講師時代に、本田光太郎、長岡半太郎の推薦で、一九一三年、二七歳のときドイツのドレスデン工科大学に留学。スイス、イギリス、そしてアメリカのハーバード大学で研究、八木・宇田アンテナ、分割陽極型マグネトロンを生み出す。

第二次大戦中、内閣技術院総裁を務めるが、そのときソニーの創業者である井深大、盛田昭夫も同院の技術者であった。大阪帝国大学の理学部物理学科の、初代主任教授。

異色の留学生・その2　連合艦隊司令長官、山本五十六

広瀬武夫たち以後も、軍人の留学は続いている。

太平洋戦争勃発のとき、日本海軍の聯合《れんごう》艦隊司令長官を務めていた山本五十六は、海軍大学校卒業の三年後に、一九一九年（大正八年）、三五歳で米国大使館付武官としてアメリカに駐在した。当時山本は海軍少佐。そのとき、ハーバード大学イングリッシュEコースに籍を置き、約二年間、英語力を磨くと同時に、石油産業をはじめ各種産業を視察している。

このときの米国の、圧倒的な資源や生産力に対する認識が、のちに近衛首相から対米戦争の勝利の可能性について尋ねられたとき、「もし始まれば、海軍としては半年は勝ってみせます。しかし長引けば成算はありません」と答えたというエピソードにつながってくる。戦争は国力、生産力の戦いであるということを、よく承知していたのであろう。事実、太平洋戦争のなりゆきは、彼の言葉どおりとなった。留学はこのように、留学した人間の視野を広める役割を果たす。山本は開戦一年半後に、ニューギニアで搭乗機が撃墜されて戦死している。

ちなみに、山本五十六と同年であり、日米開戦時の首相であった陸軍大将の東条英機には、海外留学経験はない。

異色の留学生・その3　ナチスからユダヤ人六〇〇〇名を救った杉原《すぎはら》千畝《ちうね》

第二次大戦中、ナチスドイツはユダヤ人を迫害したが、一九四〇年（昭和一五年）、リトアニアの在カウナス日本領事館の領事代理であった杉原千畝は、本国日本の外務省の意向を無視し、避難民のユダヤ人たちに次々に旅券を発行、ソ連経由で上海、日本、米国に逃れさせる。その数は六〇〇〇名ともいわれている。大戦後の一九八五年、イスラエルの「諸国民の中の正義の人賞」（ヤド・バシェム賞）を受賞。

杉原は、岐阜県八百津町出身で、名古屋の現・瑞稜高校卒業ののち、早稲田大学英文科に入学した。在学中の一九一九年（大正八年）に、外務省が募集した海外留学生試験に応募して合格。同年、外務省からの奨学金で中国のハルピン学院に留学し、ロシア語を身につけている。一年間の兵役を挟んで約四年間、ここでロシア語を研鑽している。

そのとき多くのユダヤ人と交わり、人種差別意識が削り取られていたのであろう（この項、ヒレル・レビン著　諏訪澄、篠輝久監修・訳『千畝』清水書院　によるところが多い）。

第二次大戦終了後も、しばらくは、日本人の留学は下火である。なにしろ敗戦後の生活難で、留学どころではなかったのである。戦後三〇年近い一九七三年まで、主たる留学先のアメリカにも毎年五〇〇〇名を超えることはない。なにせ一ドル三六〇円の固定相場が、一九七一年（昭和四六年）まで続くのである。現在の一ドル一二〇円（二〇一六年一月現在）から考えれば、アメリカ留学など、とても手の届かない高嶺の花であったのである。

フルブライト留学の意義

しかし、そうしたなかでもフルブライト留学は注目に値する。

第二次大戦直後の一九四六年、アメリカの上院議員J・ウィリアム・フルブライトの提案で、「世界各国の相互理解を高める目的で」設立されたのが、フルブライト奨学金である。以後、今日にいたるまで世界で二五万名、日本人はノーベル賞受賞者の利根川進、小柴昌俊、下村脩や心理学者・心理療法家の河合隼雄、アメリカのベトナム戦争に反対し「ベトナムに平和を、市民連合」を立ち上げた小田実、そのほか政治家、学者など六三〇〇名がその恩恵をこうむっている。

さすが、世界の大国アメリカの貫禄である。世界中の知性・頭脳を自国に呼び寄せ、生活費と学費を補償して「何でも見て、好きなだけ勉強してくれ」というのである。

作家の小田実も「旅費もふくめて何から何まで丸かかえ」が気に入ってフルブライトの試験を受け、ハーバード大学に留学する。留学期間満了のあと、またもや住むことと食べることを保障された「芸術家村」へ行くことを奨められ、いろいろな分野の芸術家が集まるその村で、夢のような体験をする。いかにも芸術家を大切にするアメリカらしい話である。

小田は帰国後、これらの体験をふり返った『何でも見てやろう』(河出書房新社)を書いてベストセラーになった。小田実はともかく、フルブライト留学生でアメリカが好きにならない者はいないだろう。

いや、米国のベトナム戦争に反対し「ベトナムに平和を！　市民連合」(ベ平連)を作った小田実こそ、アメリカの大ファンだったのではないか。

フルブライト留学の初期のころは、学窓からいきなり留学というのではなく、すでに就職をしていてそこから留学するというケースが多かった。

フルブライト一期生の、今井正のケースもそうである。以下、斎藤元一著『フルブライト留学一期生』(文藝春秋)を参考にする。

今井は戦時中、海軍士官を養成する海軍兵学校在学中に終戦を迎え、戦後は京都大学法学部に入学し、昭和二六年に卒業、文部省に入り二年目にフルブライト留学試験に挑戦、みごと合格して留学する。試験は超難関であった。昭和二七年度の志願者は五五〇〇名。そのうち、合格した者は二九六名である。試験は、一次が英語の筆記試験、二次が面接、英会話であった。

当時アメリカに留学した人々は、テレビ、電気冷蔵庫などの家庭の電化製品や、高速自動車道などの社会資本の充実に目を奪われる。なにせ当時の日本では、冷蔵庫のある家庭でも、冷やし方は最上段の棚に氷屋から買ってきた氷を入れて冷やしていたのであるし、国道一号線ですら舗装されておらず、大砂埃を巻き上げて木炭トラックが走っていた。

前記の今井は、ミネソタ大学の修士課程政治学部に留学。帰国後、昭和三〇年に八幡製鉄(現・新日本製鉄)に入社する。以後、フルブライト留学の日本人は前述のとおり六三〇〇名を数える。

留学者数の推移

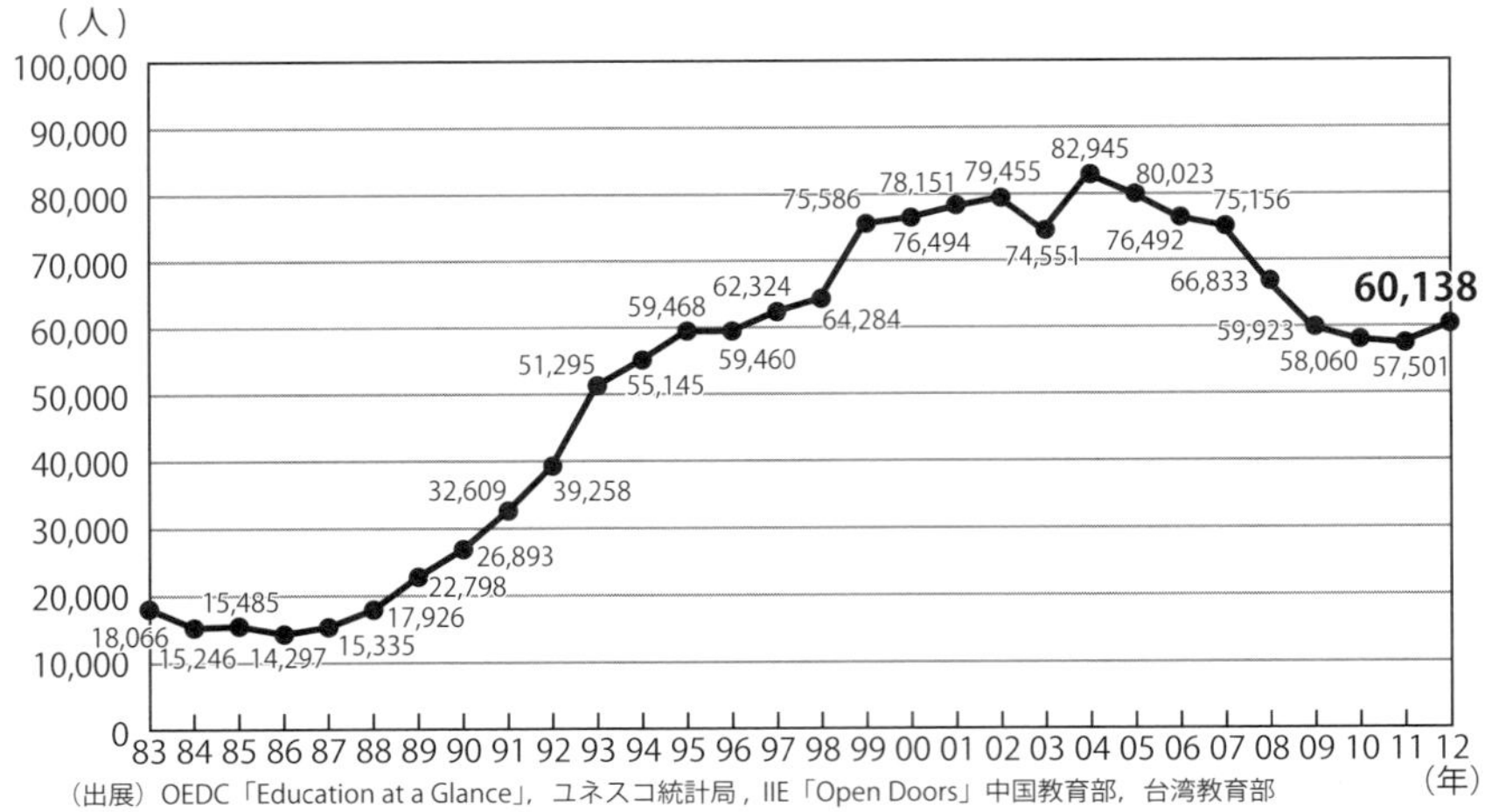

（出展）OEDC「Education at a Glance」，ユネスコ統計局，IIE「Open Doors」中国教育部，台湾教育部

景気と一八歳人口に左右される留学

留学といえば戦後、個人のふところでは無理で、国家や留学先の国の金銭的援助を必要としたのが、当時はほとんど常識であった。一九七一年まで対ドルの固定相場は三六〇円で、そのあと一九七三年二月まで一ドル三〇八円のスミソニアン体制が続き、そののち現在の変動相場制に入るのである。一ドル三〇〇円以上もしたのでは、留学など高嶺の花であったのだ。

しかし、一九六〇年代にスタートした日本の高度経済成長によって、状況は一変する。一九七三年以後、変動相場制に入ると、ドルの対円相場はしだいに下落していく。日本人にとって、アメリカの物価が安くなったのである。一九八〇年代は一ドル二五〇円前後となり、留学生も一万五〇〇〇名に近づく。

一九九〇年代に入ると、一ドル一二五円前後となり、アメリカへの留学生も四万五〇〇〇名を超える。

そしてついに二〇〇四年には、海外への留学生は、八万二九四五名とピークを迎える。しかしその後、景気の後退、一八歳人口の落ち込みなどから減少に向かい、二〇〇九年には五万九九二三名となる。

このように、海外への留学生数は、国内の景気の動向や一八歳人口、それに海外の治安、そしてドルの対円相場などさまざまな要素で変動する。

ノーベル賞受賞者の留学は？　学部留学の経験なし

ここで、日本人のノーベル賞受賞者たちの留学について見てみよう。いかにも留学と縁がありそうである。確かに、研究のために外国へ行っている人が多いが、それは比較的高年になってからの話であって、意外にも大学、大学院を日本で学んでいる人がほとんどである。それはひとつには、明治以来、わが国の初等、中等、高等教育が、世界に比肩して劣ることがない水準まで到達していたことを物語っている。

まず物理学賞受賞者。受賞年度順に見ていくと、

湯川秀樹　一九四九年（昭和二四年）、四二歳でノーベル賞受賞。留学歴なし。

第二次大戦のあわただしさも、影響しているかもしれない。ただし一九四八年、客員教授として、アメリカのプリンストン大学などに赴任。

朝永振一郎　一九六五年(昭和四〇年)五九歳で受賞。四三歳のとき、プリンストン高等研究所に研究留学。

江《え》崎《ざき》玲《れ》於《お》奈《な》　一九七三年（昭和四八年）四八歳のときに受賞。三五歳のときにアメリカ、トーマスワトソン研究所に研究留学。

小柴昌俊　二〇〇二年（平成一四年）、七六歳で受賞。二七歳のとき、アメリカのロチェスター大学大学院に研究留学。

小林誠　二〇〇八年（平成二〇年）、六四歳で受賞。留学歴なし。

益川敏英　小林誠とともに二〇〇八年、六〇歳で受賞。留学歴なし。

次に化学賞受賞者。

福井謙一　一九八一年、六三歳で受賞。留学歴なし。
白川英樹　二〇〇〇年、四〇歳で受賞。この年ペンシルバニア大学博士研究員となる。
野依良治　二〇〇一年、六三歳で受賞。三一歳で、ハーバード大学で博士研究員として研究活動。
田中耕一　二〇〇二年、四三歳で受賞。四一歳ごろ島津製作所より、イギリス、クレイトスグループ島津リサーチラボ出向。
下村脩　二〇〇八年、八一歳で受賞。三二歳のときプリンストン大学に招聘さる。
鈴木章　二〇一〇年、八〇歳で受賞。三三歳のとき、アメリカ、パデュー大学で研究活動。
根岸英一　二〇一〇年、鈴木章とともに七五歳で受賞。三一歳、パデュー大学で博士研究員。

医学生理学賞
利根川進　一九八七年、四八歳で受賞。二四歳でカリフォルニア大学サンディエゴ校博士課程。
山中伸弥　二〇一二年、五一歳で受賞。三二～三三歳、アメリカ、グラッドストーン研究所。

文学賞
川端康成　一九六八年、七〇歳で受賞。留学歴なし。
大江健三郎　一九九四年、五九歳で受賞。留学歴なし。

平和賞
佐藤栄作　一九七四年、七四歳で受賞。留学歴なし。

総理大臣は留学しているか

日本の内閣制は、明治一八年に始まる。明治に入ってこの時点までの政府は、大昔の律令制時代と同じ名称の太政官制であり、太政大臣は三条実美《さんじょうさねとみ》であった。しかし、三条実美には、留学経験はない。

明治一八年の初代内閣総理大臣が、伊藤博文である。彼には前述のとおり、英国留学をはじめ海外経験がある。伊藤は五代、七代、一〇代と、その後も総理を務める。

第二代総理は、北海道開拓使を務めた黒田清隆である。彼には留学経験はない。ただし明治四年一月から五月まで、アメリカ・ヨーロッパを旅行している。また同じ年、津田梅子らを、岩倉使節団に随行させて米国に送ったのは黒田である。その意味で留学に関して彼は重要な役割を担ったといえる。

明治の総理で次に留学経験のあるのは、明治三九年、同四四年に二度の総理に任じた前述（三八ページ）の西園寺公望《さいおんじきんもち》である。明治四年、官費でフランスに留学。ソルボンヌ大学に学び、のちにフランスの首相となるクレマンソーや、留学中に出会った中江兆民と交友する。フランス在住は一〇年におよぶ。

明治の総理は一四代で七名のうち、伊藤博文、西園寺公望、桂太郎の三名が留学を経験している。それぞれ、イギリス、フランス、ドイツと多彩である。

〝奴隷〟から総理へ上りつめた男

大正に入る。

一八代目の総理は、寺内正毅。軍人。三九歳の折フランス留学。駐在武官兼務。

一九代目は、原敬。彼には留学歴なし。ただし中江兆民の仏学塾でフランス語を学び、後年、外務省書記官としてパリ駐在。

二〇代目が、高橋是清《たかはしこれきよ》。一八六七年（慶応三年）、一三歳で藩命により海外に留学しようとしたとき、騙されて売られ、米国で奴隷同然にこき使われる。約一年後に帰国するが、この間に英語の会話、読み書きを習得。二〇歳ごろ共立学校で英語の教師をするが、そのときの生徒に正岡子規、秋山真之らがいる。これを留学と言っていいものか。さらわれ留学か。それにしても、伊藤博文と同じく、短期間でよく英語をものにしたものである。しかし高橋は、二・二六事件で陸軍の青年将校たちに暗殺される。

ここまでが大正期。大正期は一二代で一一名の総理が登場するが、このうち留学経験者は二名である。明治期の八名の総理のうち、三名が留学経験者で三八％であるのに対し、大正期は一八％と減少している。

昭和に入る。

二六代目が、田中義一。陸軍大学校卒業後、日清戦争に従軍し、そののちロシアに留学。ロシア留学中、広瀬武夫と交遊する。

三〇代目が、斎藤実。海軍軍人。二六歳のとき、アメリカ留学兼、駐米公使館付武官。

太平洋戦争開戦時の四〇代目の首相東条英機《とうじょうひでき》には、既述のように留学歴はない。陸軍軍人。陸軍幼年学校、陸軍士官学校、陸軍大学校。ただし武官としてスイス、ドイツに駐留。

昭和に入ってから終戦まで、新たに登場した総理一四名中、留学経験者は二名で一四・二％である。総理の留学経験率は、明治期三八％、大正期一八％、そして終戦までの昭和期は一四・二％と漸減していく。破滅の背景のひとつと捉えていいのかもしれない。

意外や、留学歴なしの吉田茂

第二次大戦後である。

四三代目が、東久邇宮稔彦王《ひがしくにのみやなるひこおう》。皇族で陸軍軍人。二一歳でフランス・サンシール陸軍士官学校に留学。

六六代目が、三木武夫。明治大学法学部卒。南カリフォルニア大学に留学。

七一代から七三代目が、中曽根康弘。東京帝国大学卒。三五歳の折、ハーバード夏期セミナーに留学。

八七代から八九代目が、小泉純一郎。慶應義塾大学経済学部卒。卒業後ロンドン大学に遊学。

八九代目が、安倍晋三。成蹊大学法学部卒。卒業後、南カリフォルニア大学に留学、中退。

九二代目が、麻生太郎。学習院大学政経学部卒。スタンフォード大学、ロンドン・スクール・オブ・ビジネスに留学。

九三代目が、鳩山由紀夫。東京大学工学部卒。スタンフォード大学大学院に留学。

第二次大戦の終戦の年、昭和二〇年（一九四五年）から平成二五年（二〇一三年）までの、六八年の間に五四代、三二人の総理が登場した。そのうち、留学経験者は六名で一七・一％である。

意外なのは、日本が第二次大戦に敗戦した直後から総理を五期務め、日本占領軍の総司令官ダグラス・マッカーサーと対等に渉り合った吉田茂に、留学経験のないことである。ただし吉田は、明治三九年に東京帝大法科を卒業後外交官試験に合格し、外務省に入省して中国奉天、ロンドン、イタリア、スウェーデンなど長年外交官として活躍し、留学以上の海外経験を積み上げている。

総理の留学経験率が、明治期三八％、大正期一八％、昭和の戦前が一四％というのは、文化・文明の導入の必要度に一致する。そして戦後に一七％とややアップするのも、戦時中の遅れを取り戻そうという数字に見える。

おわりに　現代の留学……勉強のできない子はいかにして学ぶか

鎖国が開けた明治期、第一章で述べたように、日本人は近代的学術の遅れを取り戻すべく、また異なった文化に対する強烈な好奇心から、貪《むさぼ》るように留学した。二一世紀の現在、世界の先進国の文化文明は、交通手段、情報の通信手段の進化とともに平準化し、日本はその恩恵の美味を享受している。

留学生といえば勉強もでき、行いもいい子と想像しがちだが、大げさにいえば言葉は悪いが問題児たちの留学の記録も紹介しておこう。筆者の勤務する予備校、河合塾で筆者が経験した記録である。

Qという先生がいる。アメリカの高等教育を卒業し、その後、留学に関わってきた河合塾の英語の教師だ。ある日、話があるというので、とある居酒屋で待ち合わせをした。先生は一人の大柄な河合塾生（二浪生）を伴ってやってきた。W君です、と先生が紹介した。Wは大変折り目ただしい青年で、ビールをすすめても最初は、修業中ですからと言って飲まなかった。

少しお酒が入ったところで、「話というのは……」と先生が切り出した。

長年、予備校の教壇に立っているが、疑問に思っていることがひとつある。それは、浪人しても残念ながら翌年の入試で失敗してしまう子がわずかながらいることだ。なかにはもちろん、高学力で医学部など難関大に挑戦して敗北したという子もいるが、たいていの場合、一年間勉強していても学力が上がらず敗退するというケースである。

ボタンのかけ違いから進めない

ところが、その子たちを講師の立場から見ていると、ほとんどのケースが、能力がなくて学力が上がらなかったというのとは少し違うみたいである。むしろつき合ってみると、平均的な浪人生よりもパワーを感じる子が多い。今すぐ勤めに出したら、こいつらの方がいい仕事をする、という感じの連中が多い。

つまり、彼らの生きてきた過程で、どこかでボタンのかけ違いがあったように思われてならない。たとえば、中学・高校時代に、エネルギー過剰でたえず学校と衝突して、そのため勉強そのものが嫌いになったケース。また、英数国理社の各教科を学ぶとき、基礎的なことがらにたえず疑問が湧くのだが、それらの疑問が納得できないまま授業が進んでしまうため、そこから先になかなか進めない、など。そうした、これまでの苦しい体験の積みかさなりが、彼らの学力の伸長に歯止めをかけているように思えてならない、というのだ。そして、実はWがその典型であるので、今日ここへ連れて来たという。

急に名指しされたWは、事前に何も言われていなかったらしく、すっかりあわてて、

「いえ、二浪したのはすべて僕の怠慢のせいです」

と大きな体をちぢめた。

ついては、提案がある、とQ先生は続ける。

別に今さら、日本の教育批判をここでいくらやっても、問題の解決にはならない。現在の日本の教育は、歴史的にそれなりの理由があって、今日のようなあり方になってしまったのだろうから。

提案というのは、日本の教育のやり方になじめなかったこれらの子たちを、もっと別のやり方をしてくれる場所に送ってみてはどうか、というものであった。それも、中学や高校のやり直しではなく、一気に大学へ送ってはどうか、と。

そんな大学はあるのかと聞くと、Q先生は、ある、と強くうなずいた。

それは、アメリカの大学である。アメリカの教育者のなかには、ときとして大変な理想主義者がいて、その子の持っている能力をいかに引き出すかに自分の存在をかけている人、または集団がある。それに、四年制でなく二年制のコミュニティカレッジでは、かつての日本の大学の教養部のように、専門課程準備コースを設けた大学があるので、ていねいに大学を選べばちゃんとした教育が受けられて、そこで終わってもいいし四年制大学の三学年へ編入が可能である、というのだ。

しかし、言っちゃ悪いがそんな立派な大学が、日本の大学に入れなかった子を受け入れてくれるだろうか、と疑問を呈すと、Q先生は、

「受け入れてくれる。話せばわかる。それがアメリカ人のいいところです。Wよ、行こうな」

と言ってWの肩を力強く叩いたのだった。Wはことのなりゆきにとても狼狽して、

「僕、英語が話せません」

と、また大きな体を小さくさせてつぶやいたのだった。


そんな大学があるのだろうか。よしんばそんな大学があったとしても、現実に日本の学校で勉強のできない子が、教育のやり方が変わったからといって、隠された能力を発揮し、アメリカ人の学生に伍して勉強を続け、卒業できるのだろうか。

過去のその子の受けた教育のなかで、ボタンのかけ違いがあった、などというのは、生徒可愛さのあまりQ先生の頭のなかで作り上げられた幻想ではないのか……。

などの疑問が私の頭に湧いたが、逆にこの試みが成功したとしたら、そして本当にQ先生の話がホントだとしたら、教育の仕組みのせいで日陰に立たされていた子たちを救うことになるし、教育そのものに関する大変なエポックメーキングになるであろう、という想いもいっぽうで強く湧き上がった。

実は同様の話……英数国理社を中心にした大学入試のあり方についての疑問は、ほかの多くの講師たちからも聞いていた。

大学入試があってこその予備校なので、英数国理社の学力に、他の教育機関以上にこだわるのが予備校の宿命なのだが、こだわればこだわるほど、そこでドロップアウトしてきた生徒たちの、〝他の能力〟が気になるのだ。

面倒見のいいアメリカの大学を探して

その夜をきっかけにして、この問題について私は、Q先生と何度も話し合いをもった。アメリカの大学の教育については、Q先生自身の感じでも、日本のように文部省を中心とした国としての統一的な設置基準がないので、「アメリカの大学教育はこうです」などとはとうてい一口ではいえず、大学間の違いが大きく、当たりはずれがあり、それゆえにこそ「当たった」場合は、いい意味での理想主義的教育を行っている大学を発見できるということであった。

そこでわれわれは手始めに、アメリカの約四〇〇のコミュニティカレッジ（二年制）に対して、文書による打診をしてみることにした。

日本の教育事情を説明し、日本の大学入試のあり方を説明し、そこでの規格からはずれた子の能力を引き出してみようという大学は、手を挙げてくれという文書である。

反応は三〇の大学からあった。しかし、そのうち約二〇の大学からの返事は、教育の問題よりも金銭的な受け入れ条件が主で、明らかに「お金持ちの日本の学生」に食指を動かしている気配であった。

われわれは残った一〇の大学―日本の教育状況、および今回送ろうとしている学生について、教育的関心を寄せて来た大学と幾度も文書のやりとりをした。

そして、最後に残ったひとにぎりの大学を実地に訪問し、キャンパスや環境、とくに治安の状態を確認し、先方のスタッフとひざをまじえて話し合うという段階になった。

一九八九年二月であった。カナダにほど近い、アメリカ西海岸のワシントン州B市に、Wコミュニティカレッジはあった。B市は人口五万人ほどの、その昔アラスカ航路の中継地として栄えた街で、商港・漁港・マリーナを擁した美しい湾を見下ろす丘にダウンタウンが広がっていた。

大学では、学長と国際部のスタッフ三名がわれわれを待っていた。

学長が切り出した。

「何度もお手紙を送っていただいて、日本の教育事情がよくわかりました。また今回の試みの重大さも確認しました。それゆえにこそ、われわれ一同、許されるならば挑戦してみたいと考えております」

ガイドブックによると、このコミュニティカレッジに正規の留学をする場合は、TOEFL(外国人のための英語能力試験)で五二〇点が要求される。五二〇点という得点は、コミュニティカレッジとしてはかなりレベルの高い方である。にもかかわらず、われわれの要求した①いっさいの学科試験はやらない、②当初の九ヶ月はおもに英語特訓クラスで、そのあと逐次、学部授業に進むが、当初から当大学の学生として、学生証および学生ビザを交付する、などわれわれの要求をすべて呑み、大学を挙げてこの試みに挑戦してみようというのであった。

ただしガッツのない子はお断り

定員に関しては、少しもめた。先方は準備の都合から、過不足なく一五名送ることを要求してきた。われわれは初めてのことであるので一〇名~二〇名の間を提案した。先方は、二〇名はよい授業をやるには多すぎるし、実は質のよいホームステイ先は意外に少ないのだ、ということで、けっきょく一三名~一七名の間に落ち着いた。最後に学長が言った。

「あなた方の提案した条件を、われわれはほぼ全面的に受け入れました。今度はこちらからの条件を提示させていただきたい。それは、送ってもらう学生のことですが、現状で学力が低いのはかまいません。英語をはじめ、必要なものはレベルアップさせる自信がわれわれにはじゅうぶんあります。しかし、レベルアップさせるには条件があります。それはガッツのある子、何がしかヤル気のある子を送っていただきたいということです。ガッツやヤル気は、デジタル化できません。したがって、これは河合塾と当大学との紳士協定です」。いちばんキーになることを、学長は最後に言ったのだ。

「キタッ」

と、私とQ先生は目顔を交わした。

その夜、学長はわれわれを自宅に招待してくれた。

学校から二〇分ほど車で北へ行った美しい林のなかに、学長邸はあったが、頑丈な二階建ての丸木小屋で、驚いたことにすべて学長自身の手で作ったということであった。庭では八歳と一二歳の息子たちが自分たちの仔馬の手入れをしていた。

深夜にダウンタウンの宿に戻ったのだが、気がついてみると、アメリカの大都会で、夜かならず絶え間なく聞こえるパトカーの警音を、一度も聞かなかった。安全な街の証しであった。

さて帰国後、経過を理事長に報告すると、幸い「意義のある仕事ですからがんばってやりなさい」との承諾を得て、正式の調印と募集開始に入ったのであるが、問題は先方の学長からの条件「ガッツのある子、ヤル気のある子」をどうやって選抜するかであった。

思案の結果、Q先生は次の四つのハードルを立案してきた。それは、アメリカの大学スタートは九月であるので、それまでに、

第一　応募者に対し、面接でじっくり話をして、このプログラムの意味を理解させる。そのうえで、

第二　三ヶ月間で、渡航費用の三〇万円を自分の手で稼がせる。それも、できるだけ３Ｋ（キタナイ・キツイ・キケン）といわれる身体を使ったアルバイトで。

第三　Ｔ県の山中の有機農場で一週間の強化合宿に耐えぬかせる。

第四　何か日本の歌を一番から三番まで覚えて、歌えるようにする。そしてその意味を、できたら手持ちの英語をフル稼働するか、身ぶり手ぶりで日本語のわからない相手に理解できるようにする。

三ヶ月で三〇万円を稼げ

募集が始まった。各クラスのチューターを通じて、とりあえずこの年の三月の入試で落ちまくった子が応じてきた。Ｗもそのなかの一人であった。

意外なことに、日本の大学に、それもかなり難関の大学に合格しているのに、このプログラムの意味に賛同して、参加を希望する子も数人いた。また、話を伝え聞いて専門学校へ進もうとしていた現役生も、参加してきた。

Ｑ先生はその一人ひとりと、ハードルの第一条件である面接をした。私もその面接の何人かに立ち会ったのだが、短くて二時間、場合によっては一人に半日もかけた、念の入ったものであった。そして、それはヤル気があるかどうかを見分ける〝ふるい分け面接〟ではなく、アメリカ留学という新しい天地、「場」に身を投じることによって、新しい自分を発見し自立してみないかという〝説得〟であり、挑発であった。「行き場がないので乗ってみるか」程度で来た子が多かったのであるが、この面接で彼らの胸のなかに新しい灯がともったようであった。

Ｑ先生のヒトの悪さは、こうして生徒のヤル気に火をつけておいて、おもむろに第二〜第四のハードルを提示したことであった。

第二のハードル「三ヶ月で三〇万円をバイトで稼ぐ」に挑戦した子は二一名いた。ほとんどの子が初めてのバイトであった。このハードルは、とくに女子には大変であったらしい。のちの話になるが、留学後半年ほどたって、S子がしみじみ言っていた……。

「あんときゃ大変だった。朝は六時から駅前のダルマ食堂でごはん作り、昼はオフィス街のカレー専門店でウェイトレス、夜は中華レストランの皿洗い。足が棒のようになって、毎晩お母さんに足をもんでもらっちゃった。それでも期限ギリギリで、三〇万円達成できた。生まれて初めてのバイトで、三〇万円も稼いでしまったことにビックリしてしまった」

なかには余裕シャクシャクで、三〇万円どころかなんと一〇八万円も稼いだ子もいた。Wだった。道路のライン引きの仕事を選んだ。はた目には簡単なようだが、炎天下の道路は暑いことこのうえない。そのうえ車がビュンビュンかたわらを飛び交い、危険このうえない。しかしWは耐えた。耐えたというより自分の引いた新しいラインが、道路の上にクッキリと続いているのを見ると、道路がぜん美しくなることに大満足であったそうだ。若者の少ない職場なので、人柄がよく、働き者の彼は大変大事にされ、社員旅行で北海道へ連れて行ってもらったりもしたらしい。そして「お前、アメリカなんかへ行かずにウチの正社員にならんかや」と、何度も誘われたそうだ。

ともかく、一六名の若者が第二のハードルを通過し、第三のハードルに突入した。有機農場合宿だ。

今日の晩飯は生きたニワトリ

人里まで歩いて二時間という山奥に、その農場はあった。農業のほかに、養豚や養鶏をやっている農場である。そこで一週間、豚小屋や鶏小屋の掃除をしたり、その糞を一ヶ所に運搬して堆肥を作ったり、クサイわ、キタナイわ、シンドイわで大変であったらしい。

Q先生や、同行した職員も同じように糞マミレになって働いた。しかしその一週間を通じて、しだいに彼らのなかに、モノを作ることのカラクリや働くことの意味やしんどさや、そして仕事を完遂することの喜びや、そして何よりも「この仲間たちとアメリカへ行くのだ」という団結心が湧いて来たのであった。

このプログラムの圧巻は、「自給自足の巻」であった。ある晩「今夜の食事はこれだ」と言って三人に生きたニワトリが一羽渡された。のちになってS子は言う。

「生きたニワトリだよ。ポカンとしてニワトリを見てたら、目が合っちゃってねえ。でもオナカペコペコだし、W君に殺してもらって、二時間ぐらいかかって毛むしって焼いて食べたけど、あれやったらもう、コワイものなしだって気になっちゃったな」

残暑の厳しい九月のある日、「選ばれた」一三名の彼らは成田空港を出発した。親たちの多くが、空港まで見送った。花束を手に、泣きながら出国ゲートまでついて来る母親に、S子が、

「もう行ってよ、もう行ってよ」

と振りはらっていた。

シアトルからB市までは、ちっぽけな一八人乗りのプロペラ機であった。飛行機は低空を飛び、生徒たちは美しい海岸線や、人の手の入っていない森林や湖の景色に息をのんだ。空港から大学まで、大学のバスで向かう道すがら、Wが車窓を指さして、「あっ、ガイジンだ」と叫んだ。

授業開始後の最初の一週間、私は大学が彼らをどのように受け入れるか、どのような授業を行うのか、場合によっては文句のひとつも言わねばなるまいと、密着して授業を見学することにした。

第一日、担当の女性のL先生は、生徒たちをダウンタウンのバス発着場へつれていき、郊外を一時間半ほどで循環して戻ってくる路線バスに、全員を乗せた。バスが動き出すと、L先生はバスガイドのように運転席の後ろに立ち、乗客に向かって大声で呼びかけた。

「一三人の日本人学生が乗っています。日本からやって来たばかりです。この街の話を彼らにしてやって下さい」

英語ってコトバだったんだ

乗客たち――主婦・農夫・商店主、いずれも純朴そうな人たちが、学生たちの隣に席を移して、話しかけ始めた。最初学生たちは、恥ずかしげに戸惑っていたが、相手の善意がわかってくると、ありったけの英語をかき集めて、身ぶりもまじえて少しずつ会話を始めた。

バスはダウンタウンを抜け出ると、林や畑の郊外を走りつづけた。ところどころのバス停で止まっては走った。不思議なことに、乗ってくる人はいても、降りる人はほとんどいなかった。そのうちに私は、日本人の学生と話をしている乗客たちが、自分の降りるべき停留所についても、パスしていることに気がついた。市とはいってものんびりした小都市のことゆえ、この地方の人々は、仕事につけ日常の用事につけ、ゆったりとしたテンポで暮らしているようだった。それに、何よりも無類に人がよいのだ。大学側はそのことを計算に入れて、初日のカリキュラムを組んでいたのだ。

ついにバスは、路線を走りきって元のターミナルへ戻ってきた。バスを降りた学生たちは、ほっぺたを真っ赤に上気させて、興奮していた。話し相手だった乗客と、アドレスの交換をしている子もいた。

Wが叫んだ。

「やったぜ。英語で話したぜ。かんたん、かんたん。なにしろアメリカだもんな」

S子がしみじみと言った。

「英語って、言葉だったのね」

私は舌を巻いた。L先生のカリキュラムは初日に、学生たちに学習意欲の強烈な火をつけたのだ。

「オレのわずかばかりの英語でも、何とか通じたじゃないか。こりゃ、身を入れて英語を勉強すればもっと通じるぞ」

やがて教室での英語特訓授業が始まったが、それぞれの授業は納得のゆくものであったし、何よりも学生たちののめり込み方に私は満足した。学長がときどき入口の扉の小窓からのぞいているのに、私は気がついていた。


ある日のこと、昼休みの時間に、絵を描くことの好きなS子がキャンパスでスケッチをしていた。数人のアメリカ人の学生が、彼女を取り囲んで批評していた。「ビューティフル」「エクセレント」。彼らは、ほめることがうまいのだ。S子は調子に乗って、

「もしよかったら教えてあげるよ」

と言った。たちまち、二人のアメリカ人学生が弟子入りした。

みんなはS子をうらやましがった。英語の上達のためには、現地の友人を作ることが早道なのだ。しかし、アメリカの学生たちは普段はバイトでいそがしく、きっかけがないとなかなか友人となりにくい。

S子は、うらやましがるみんなに言った。

「絵は私の武器。絵を通じて私は友達を作った。みんなにも武器があるはずじゃない。よく考えてごらん」

その言葉を聞いて、Wが、

「アッ、そうか」

とつぶやいた。その日、彼はダウンタウンへ行って、スケートボードを買ってきた。彼はスケボーの名人なのだ。翌日の昼休みに、駐車場でWがスケボーの妙技を見せていると、たちまち多くのアメリカ人学生が、「オレにもやらせてくれないか」「さっきのヤツ教えてくれ」などと集まってきた。

学生たちは、自分の特技を再発掘して、友達を作っていった。Aは剣道部員募集の貼紙を貼った。T子はオリ紙教室を作った。しかし、N男だけは毎日「オレの武器は何だ。オレの武器は何だ」と考えるのだが、

何も思いつかなかった。

カキノタネで友達作り

ある朝、一般授業の教室で、ずっと早くから、N男は席に着いていた。机の上には、一枚の紙が敷かれ、その紙の上に新潟銘菓のカキノタネが山盛りにされていた。彼は新潟出身だった。やがて、学生たちが登校して来て「それは何だ」と尋ねたが、N男は黙ったまま、カキノタネを見つめていた。彼を取り囲むアメリカ人学生たちの輪が大きくなって、

「こいつ、何をしているんだ」

「朝のお祈りかな」

「あの茶色のキッカイなものは何だ」

「何かのタネかな」

とガヤガヤ議論が始まった頃合いを見計らって、N男はやおら立ち上がって言った。

「みなさん、これは日本語で〈カキノタネ〉といいます。カキノタネとは、柿の実の種のことです。しかし、これは実は柿の種に似せて作ったお菓子です。ほら、こうやって食べられます。おいしいです」

と言ってボリボリと食べてみせた。

教室の片隅で、日本人学生たちが腹をかかえてわらっていたのには目もくれず、彼は続けた。

「さあ、このカキノタネを食べて、僕と友達になりましょう。ドーゾ、ドーゾ」

学生たちはよくわけのわからないまま、言われたとおりボリボリ食べてみてけげんそうな顔をしていた。

このことのあと、N男はアメリカ人学生から「ドーゾ君」と呼ばれ、一目置かれるようになったようだ。

こうして、彼らの旅立ちは始まった。そしてもちろん、多くの紆余曲折を経たが、一三名中一名を除いて三年後、このコミュニティカレッジを無事卒業した。卒業後、一部の者は四年制大学へトランスファーした。

五年前、Q先生の言った、「英数国理社の成績が上がらないのは、どこかでボタンのかけ違いがあって、本当は、彼らはすごく有能なのだ」という言葉は、ある程度証明されたといっていいだろう。彼らのうち、ただ一人卒業しなかったO君は、現地で家庭と職業を得、新しいフロンティアへの旅を始めた。人によっては、彼こそがいちばん、Q先生の精神の具現者であるともいう。

著者プロフィール

丹羽健夫《にわたけお》　河合文化教育研究所　主任研究員
学校法人中西学園理事

1936年生
1959年　名古屋大学経済学部卒業
証券会社・商事会社勤務
1967年　学校法人河合塾勤務
2002年　立命館大学客員教授
2005年　名古屋外国語大学客員教授

著書　『悪問だらけの大学入試』（集英社 2000年）
『予備校が教育を救う』（文藝春秋2004年）
『親と子の大学受験ガイド』（文藝春秋 2005年）
『愛知の寺子屋』（風媒社 2012年）
など。

◎本書使用の画像の出典について
P11 遣唐使船…唐招提寺所蔵「東征伝絵巻」より
P19 開陽丸…一般財団法人 開陽丸青少年センター所蔵より
P25 伊藤博文、P34 新島襄…国会図書館資料・近代日本人の肖像より
P42 津田梅子ほか…津田塾大学　津田梅子資料室 所蔵より

留学と日本人

名古屋外大ワークス……NUFS WORKS 2

2016年6月30日　第1刷発行

著者　丹《に》羽《わ》健《たけ》夫《お》

発行者　亀山郁夫

発行所　名古屋外国語大学出版会

470-0197　愛知県日進市岩崎町竹ノ山57

電話 0561-74-1111

http://www.nufs.ac.jp/

発売所　丸善雄松堂株式会社

105-0022　東京都港区海岸1-9-18

組版　株式会社フレア

印刷・製本　丸善雄松堂株式会社

ブックデザイン　大竹左紀斗

ISBN978-4-908523-02-1

名古屋外大ワークス……NUFS WORKS

発刊にあたって「深く豊かな生き方のために」

今ほど「知」の求められる時代はあるまい。これから学ぼうとする若者や、社会に出て活躍する人々はもちろん、より良く生き、深く豊かに生を味わうためにも、「知」はぜったいに欠かせないものだ。考える力は考えることからしか生まれないように、考えることをやめた人間は「知」を失い、ただ時代に流されて生きることになる。ここに生まれたブックレットのシリーズは、グローバルな人間の育成をめざす名古屋外国語大学の英知を結集し、わかりやすく、遠くまでとどく、考える力にあふれた「知」を伝えるためにつくられた。若いフレキシブルな研究から、教育者としての到達点、そして歴史を掘りぬく鋭い視点まで、さまざまなかたちの「知」が展開される。まさに、東と西の、北と南の、そして過去と未来の、新しい交差点となる。さあ、ここに立ってみよう!

名古屋外国語大学出版会